W0089568

DIRK JASPER

Leonardo DiCaprio

»ES IST EIN TRAUM«

BASTEI LÜBBE

BASTEI-LÜBBE-TASCHENBUCH
Band 12866

Originalausgabe
© 1997 by Bastei-Verlag Gustav H. Lübbe GmbH & Co.,
Bergisch Gladbach
Printed in Germany, Juni 1998
Einbandgestaltung: Gisela Kullowatz
Titel und Bilder im Innenteil:
Die Bilder zu »Titanic« und »Romeo & Julia« werden mit
freundlicher Genehmigung von 20th Century Fox verwandt.
Die Szenenfotos aus »Der Mann mit der eisernen Maske«
werden mit freundlicher Erlaubnis von UIP verwandt.
Das restliche Bildmaterial stammt aus dem Archiv des Autors.
Satz: Textverarbeitung Garbe, Köln
Druck und Bindung: Ebner Ulm
ISBN 3-404-12866-4

Inhalt

1

Steckbrief

Geburtsdatum:	11. November 1974
Geboren als:	Leonardo Wilhelm DiCaprio
Rufname für Freunde:	Leo
Beruf:	Schauspieler, Mädchenschwarm
Sternzeichen:	Skorpion
Geburtsort:	Los Angeles, Kalifornien, USA
Ausbildung:	Center for Enriched Studies, Los Angeles, John Marshall High School, Los Angeles
Eltern:	George DiCaprio, Untergrund-Verleger; Irmalin DiCaprio, Rechtsanwalts-Sekretärin
Größe:	183 cm
Gewicht:	70 kg (nach den Dreharbeiten zu »Titanic«)
Augenfarbe:	Blau
Haarfarbe:	Blond
Hobby:	Kartenspielen

Zitat

Es gibt viele, die meinen, du müßtest ein verrückter, wilder Bastard sein. Sie wollen, daß du genauso mies bist, wie sie selbst es sind. Sie wollen keine Helden, sie wollen zusehen, wie du auf die Schnauze fällst.

Leonardo DiCaprio

Autogramm-Adressen

Leonardo DiCaprio
c/o Addis-Weschler & Associates
955 South Carrillo Drive
Suite 300
Los Angeles, CA 90048
USA

Leonardo DiCaprio
c/o Baker, Winokur, Ryder
405 South Beverly Drive
5th Floor
Beverly Hills, CA 90212
USA

**Bitte internationale Antwortscheine (bei der Post erhält-
lich) für das Rückporto beiliegen und viel Geduld haben!**

Auszeichnungen

Golden-Globe-Nominierung für seine Darstellung des geistig behinderten Arnie in **Gilbert Grape**

Oscar-Nominierung für seine Darstellung des geistig behinderten Arnie in **Gilbert Grape**

Best Supporting Actor Award vom »National Board of Review« für **Gilbert Grape** und **This Boy's Life**

New Generation Award der »Los Angeles Film Critics Association« für **Gilbert Grape** und **This Boy's Life**

Most Promising Actor durch die »Chicago Film Critics« für **Gilbert Grape** und **This Boy's Life**

Runner-up for Best Supporting Actor durch die »New York Film Critics Association« und die »National Society of Film Critics« für **This Boy's Life**

Goldener Bär für den besten Darsteller in **Romeo & Julia** beim 47. Internationalen Film Festival in Berlin

2

Wie alles begann

Leonardo DiCaprio hat sich mit seinen gerade mal dreiundzwanzig Jahren zu einem der begabtesten und vielseitigsten Talente seiner Generation entwickelt. Bereits mit neunzehn Jahren erhielt er eine Oscar-Nominierung als Bester Nebendarsteller für sein Porträt des überschwenglichen, geistig beeinträchtigten jungen »Gilbert Grape – Irgendwo in Iowa.« Seine Leistung in diesem Film, es war ja erst sein zweiter größerer Film, wurde ebenfalls mit Preisen des National Board of Review, der Chicago Film Critics und der Los Angeles Film Critics, sowie mit einer Golden Globe Nominierung bedacht. Leonardo gestand später, daß er ganz froh war, den Oscar damals noch nicht bekommen zu haben:

»Welche Steigerung hätte es für einen Schauspieler denn noch geben können?«

Das alles sind Auszeichnungen, von denen gestandene Schauspieler teilweise ihr ganzes Leben lang träumen. Und dabei bekam er die Preise nicht für sein – unbestritten – gutes Aussehen und seinen unvergleichlichen Charme, sondern für seine exzellenten schauspielerischen Leistungen.

Sein Leben hatte schließlich auch schon ganz ungewöhnlich angefangen. Als Mutter Irmalin während der Schwangerschaft nach Rom flog und dort gerade in den Uffizien Gemälde von Leonardo DaVinci bewunderte, trat der Nachwuchs plötzlich kräftig um sich – so erhielt er seinen ersten Vornamen »Leonardo« von seiner Mutter.

Geboren wurde der Kleine dann im Herbst des Jahres 1974 als Leonardo Wilhelm DiCaprio, und zwar in Los Angeles, Kalifornien. Eine Stadt, die allgemein als die Medienmetropole der USA – wenn nicht sogar der ganzen Welt – gilt.

Aber Leonardo Wilhelm! Wilhelm – wie kommt ein gebürtiger US-Boy an einen solchen Namen? Natürlich auch von seiner Mutter! Seine Mom stammt aus Deutschland, auch wenn sie den nicht häufig vorkommenden Vornamen Irmalin trägt, und – warum auch immer – sie gab Leonardo dann den wirklich typisch deutschen Vornamen Wilhelm mit in die Wiege.

Irmalin hat bei einem Rechtsanwalt den Beruf der Anwalts-Sekretärin gelernt und auch lange ausgeübt – so war wenigstens immer ein regelmäßiges Einkommen im Hause DiCaprio zu erwarten. Als Leonardo seine ersten Erfolge vorweisen konnte, übernahm sie es, seine beruflichen Angelegenheiten in die richtigen Bahnen zu lenken.

Leonardos Oma heißt Helene. Sie wohnt auch heute immer noch in Oer-Erkenschwick im Ruhrgebiet in Nordrhein-Westfalen. In früheren Jahren konnte Leonardo es sich leisten, sie öfter zu besuchen, doch seit er berühmt geworden ist und Jahr für Jahr immer erfolgreichere Filme dreht, werden die Besuche wegen seiner vielen internationalen Verpflichtungen immer seltener.

Doch wenn er mal wieder zu ihr kommen kann, erhält er von ihr seine »deutschen Lieblingsspeisen« vorgesetzt:

Sauerkraut und Kartoffelpuffer.

Und gleichzeitig nimmt er die vielen Liebesbriefe seiner weiblichen Fans mit, die seiner Oma immer für ihn in den Briefkasten gesteckt werden.

Der Vater ist italienischer Abstammung, auch wenn er den für Italiener eher untypischen Vornamen George trägt. Und er war mit Mutters Vorschlag, dem Knaben den italienischen Rufnamen Leonardo zu geben, sofort einverstanden ... und schon hieß der blonde kleine Knabe **Leonardo Wilhelm**.

Von seinem Vater stammt nicht nur der italienische Zuname DiCaprio, sondern sicherlich auch seine in den letzten Jahren nachweisbare Vorliebe für hübsche Mädchen.

Leonardo war das einzige gemeinsame Kind seiner Eltern. (Er hat allerdings noch einen älteren Stiefbruder namens Adam Starr, der zur Familie dazukam, als Leonardos Vater wieder heiratete.) Knapp ein Jahr nach seiner Geburt trennten sie sich, und den kleinen Leonardo ereilte ein Schicksal, das er heutzutage mit vielen Kindern teilt.

Aber im Gegensatz zu vielen anderen Eltern waren sich Irmalin und George ihrer Verantwortung für Leonardo bewußt und zogen ihr einziges gemeinsames Kind trotz der Trennung zusammen auf.

Das teilweise ungestüme Leben seiner Eltern, insbesondere das seines Vaters, hatte sicherlich großen Einfluß auf die Entwicklung des heranwachsenden Jungen.

Papa George ist von Beruf ein fanatischer Alt-Hippie mit Bart und langem Haar. Performancekünstler nennt er sich, und in seiner Garage produzierte er seit vielen Jahren Underground-Comicbücher und Comic-Kunst. Reich wurde er damit nie, aber er hatte eine Menge Spaß dabei – Leonardo mit ihm – und kannte die ganze Szene von Los Angeles.

Man kann Leonardos Vater und Mutter wohl am besten mit »liberale, haschisch-rauchende Hippies« umschreiben. Später sagte Leonardo einmal über seine Eltern:

»Was immer ich später angestellt habe, es war immer etwas, was sie schon längst hintersich gebracht hatten. Mein Vater würde es wohl sogar begrüßen, wenn ich mit einem Nasenring ankäme.«

Da die Eltern nun einmal zu den überzeugten Hippies gehörten, ist es verständlich, daß die Erziehungsmethoden im Hause DiCaprio alles andere als gutbürgerlich waren. Und nie, erzählte Leonardo später über seine Erziehung, würde er den Aufklärungsversuch seines Vaters kurz nach seinem sechsten Geburtstag vergessen. George sagte: »Als ich das erste Mal Sex mit einem Mädchen hatte, war ich genauso alt wie du jetzt. Du solltest es unbedingt ausprobieren.« Der kleine Leonardo schützte angeblich lieber Hausaufgaben vor …

»Wir waren sicherlich nicht die typische Hippie-Familie, die nur vegetarisch aß und deren Kinder meditierten und zur Kunstschule gingen. Aber wir waren auch sicherlich nie einfach nur Mittelmaß oder gar republikanisch«, erinnerte Leonardo sich später an seine Kindheit im Elternhaus.

Leonardo weiß auch noch von Besuchern, die zu seinen Eltern nach Hause kamen, beispielsweise der legendäre Comic-Zeichner Robert Crumb (»Fritz The Cat«), der ebenso

Die erste größere Rolle:
TV-Serie »Eine Wahnsinnsfamilie« - 1990

Durchbruch im Film:
»Gilbert Grape« - 1993

Oma Helene ist stolz auf ihren Enkel

Leonardo mit Gwen Paltrow

Den Vornamen hat Leonardo von seiner Mutter - die Vorliebe für
schöne Mädchen vom Vater (hier mit Kristin Zane - 1996)

Ein erfolgreiches Team:
Leonardo und Mutter Irmalin

legendäre Underground-Schriftsteller Charles Bukowski und der berühmte Romanautor Hubert Selby jr. Leo hatte die einmalige Chance, sie alle während seiner Kindheit kennenzulernen.

Leonardo Wilhelm DiCaprio war wohl auf diese Weise von Anfang an dazu bestimmt, etwas Besonderes, etwas wirklich Außergewöhnliches zu werden. Doch auch ihm blieb die Schulzeit nicht erspart. Diese Zeit verbrachte Leonardo im »Center for Enriched Studies« und später an der »John Marshall High School«, beide in Los Angeles.

Leo erinnert sich gerne an seine Jugend, auch wenn viele Erlebnisse seines jungen Lebens nicht so angenehm waren, die Trennung der Eltern, die Wohnung in einer heiklen Gegend von Hollywood, sein Desinteresse an der Schule …

Ja, ja, auch wenn er das gar nicht so gern zugibt, die Schule schwänzte er oft (besonders in Mathematik). Er schien einfach mehr daran interessiert zu sein, seine Klassenkollegen zu unterhalten, als seine Hausaufgaben zu machen.

»Schule, das habe ich eigentlich nicht wirklich hingekriegt.

Ich konnte mich nie auf Dinge konzentrieren, die ich nicht lernen wollte. Ich denke mal, ich habe nur die halbe Schulzeit mitbekommen, die andere Zeit habe ich lieber meine Freunde mit Breakdance-Auftritten unterhalten.«

Unvergeßlich sind seine vielen Streiche als Klassenclown.

»Ich war immer als das verrückte Kind bekannt,« sagte er einmal in einem Interview.

Die Schelmenstreiche ließen die künftige Karriere vielleicht ahnen – und seine Probleme, sich auf die Schule zu konzentrieren, hielten ihn nicht davon ab, weiterhin davon zu träumen, eines Tages einmal ein erfolgreicher Schauspieler zu werden.

Bereits im zarten Alter von fünf Jahren stand er zum erstenmal vor einer TV-Kamera, und zwar in der Show »Romper Room.« Allerdings – er wurde wegen seines »unkontrollierten Benehmens« vom Set gefeuert. Erst neun Jahre später bekam er dann seine nächste TV-Chance.

Im Alter von zehn Jahren, als er mit seinem Vater von einem – wieder einmal erfolglosen – Casting zurückkam, bei dem er zu allem Elend auch noch ziemlich rüde abgewiesen worden war, schluchzte er:

»Dad, eigentlich möchte ich wirklich ein Schauspieler werden, aber wenn so was wie heute noch oft passiert, dann will ich es lieber doch nicht.«

Leonardo erinnert sich daran, wie sein Vater tröstend den Arm um ihn legte und dann sagte: »Eines Tages, Leo, wird es auch für dich klappen. Erinnere dich an diese Worte und beruhige dich jetzt!«

Prophetische Worte, wie man heute weiß!

3

Das Fernsehen ruft!

Bei den vielen berühmten Besuchern im Hause DiCaprio war es bestimmt kein Wunder, daß Leonardo schon früh die Luft des Film- und Fernsehgeschäftes schnuppern wollte – und letztlich konnten ihn auch alle unangenehmen Erfahrungen nicht davon abhalten, sein Ziel zu verfolgen. Selbst als Leonardo sich einen Agenten suchte, wie es in den USA unvermeidbar ist, ließ er sich von den manchmal merkwürdigen Gepflogenheiten der Filmindustrie nicht weiter abschrecken. Und er setzte seinen Kopf gegen andere durch.

Ein Agent versuchte ihm klarzumachen, daß er seinen angeblich »falschen« Haarschnitt ändern müsse – er trägt ihn heute noch!

Ein anderer Agent wollte den ausländisch klingenden Namen unbedingt in den amerikanischen Namen Lenny Williams ändern – er heißt heute noch Leonardo DiCaprio.

Sein Vater ging mit Leo von Casting zu Casting, von Vorsprechtermin zu Vorsprechtermin … immer wieder Absagen.

Leonardo erinnert sich später, daß er wohl weit über 50 erfolglose Termine absolviert hatte.

Endlich kam der erste Schritt nach vorne!

Leonardo konnte jetzt, im Alter von vierzehn Jahren, erste Erfahrungen in dem Metier der Schauspielerei sammeln und zum erstenmal vor der Kamera stehen! Allerdings war es keine richtige Rolle, die er spielte, und erst der recht großzügige Scheck konnte Leonardo dazu bringen, in dem Werbespot aufzutreten, einem Commercial für »Golden Grahams«, knusprige Frühstücks-Cerialien. Er hatte eben andere, idealistischere Vorstellungen von der Schauspielerei. Wie auch immer, der unerfahrene Anfänger bestand das Casting für den Spot glänzend und landete einen Treffer.

Der Widerwille gegen Rollen, die er nicht mag, die ihn nicht fordern und die er deshalb ablehnt, ist heute noch vorhanden. Wie sich später zeigte, hat er mit der Wahl seiner späteren Filmrollen die Straße des Erfolgs beschritten. Aber damals mußte er nehmen, was er bekam. Er mußte einfach jede Chance nutzen, Erfahrungen vor der Kamera zu sammeln, denn eine Schauspielschule konnten sich die Eltern für den Sohn nicht leisten.

Man kann wohl sagen, daß es zumindest anfangs bei Leonardo so lief, wie auch bei vielen anderen in seinem Alter, die gerne zum Film wollen. Er kämpfte darum, vor die Filmkamera zu kommen, und verdiente sich deshalb weiterhin seine ersten Sporen mit kleinen Auftritten in Werbespots für die Industrie, beispielsweise für Streichhölzer oder Kaugummi, insgesamt wurden es dann 30 »Commercials« (wie Werbespots in den USA heißen), in denen er mitmachte, unter anderem einer für »Matchbox«-Autos. Schon bald folgten Minirollen in pädagogischen Kurzfilmen für Schulen mit so nützlichen Inhalten wie »Schaue links und rechts, bevor du die Straße überquerst«, »Wie gehe ich mit meinen drogensüchtigen Eltern um?« oder in »Mickey's Safety Club«.

In dieser Zeit absolvierte er eine Vielzahl von Castings. Jede Gelegenheit nahm er wahr, vorzusprechen und Erfahrungen vor der Kamera zu sammeln. Er zeigte dabei – im Gegensatz zu seinem schulischen Engagement – einen Fleiß, den er sich bis heute bei der Schauspielerei erhalten hat!

Es dauerte nicht lange, bis er schon mal kleine Gastauftritte in Fernsehserien ergattern konnte. Immer öfter wurde er in vorerst winzigen Rollen in TV-Serien besetzt, beispielsweise 1989 in »The New Lassie«, »The Outsiders« oder »Roseanne«. Seine kleine Rolle mit wenig Text bei »Lassie« war es dann, die einen bleibenden Eindruck bei den mächtigen TV-Produzenten hinterließ.

1990 endlich bekam er seine erste richtige Chance, die er dann auch wahrnahm: Er erhielt mit der Rolle des »Gary Buckman« in der TV-Serie »Parenthood« einen kleinen Dauerauftritt. Diese TV-Serie wurde auch in Deutschland gezeigt, und zwar unter dem Titel »Eine Wahnsinnsfamilie«. Obwohl die Rolle nicht gerade sehr viel hergab, konnte man schon sein Können erkennen – und so manchen »alten Hasen« der Serie konnte er mit seinem Talent und seiner Ausstrahlung übertrumpfen.

Leonardo hatte endlich sein erstes dauerhaftes Engagement und konnte jetzt einen für ihn entscheidenden Schritt tun: die Schule abbrechen. Mit sechzehn Jahren verließ er die High School und wurde Dauergast im Fernsehen. Leider lief die Serie 1990 nur eine Staffel lang – sie wurde noch im selben Jahr wieder abgesetzt.

Kaum ein Jahr später, direkt im Anschluß an »Parenthood«, übernahm er von 1991 bis 1992 die durchgehende und wiederkehrende feste Rolle des jungen Obdachlosen namens Luke Brower in der letzten Staffel der beliebten amerikanischen Serie »Growing Pains«. 1985 startete die Serie in den USA und lief dort insgesamt sieben Jahre lang. In Deutschland kennen die Zuschauer die Serie auch. Unter dem Titel »Unser lautes Heim« läuft sie recht erfolgreich immer mal wieder bei den Privatsendern.

Leonardo sammelte in diesen TV-Serien zahlreiche Erfahrungen als Schauspieler, und er hat seine Lektionen gelernt.

»Ich konnte dabei schnell feststellen, was ich nicht wollte«,

sagte er einmal in einem Interview. »Ich hatte immer nur diese lahmen Zeilen, ich konnte damit einfach nichts rüberbringen. Jeder andere dagegen glänzte und war vergnügt.«

Aber er hielt durch, und verstand es, diese Chance zu packen. Hier konnte er sich die Grundlagen der Schauspielerei erarbeiten, wenn auch auf die harte Tour. Solche TV-Serien sind kein Zuckerschlecken, sondern Knochenarbeit, das kann jeder bestätigen, der das jemals mitgemacht hat.

Anders als viele andere Serienschauspieler sah er die TV-Arbeit nur als Zwischenstation auf dem Weg zur Filmschauspielerei an. Er war regelmäßig, und zwar insgesamt vierundzwanzig Episoden lang, in dieser größeren Dauerrolle bei »Unser lautes Heim« im Fernsehen zu sehen; nicht schlecht für jemanden, der keinen einschlägigen Background hat. Aber seine Ziele waren eindeutig höher gesteckt.

4

Endlich Filmstar!

Obwohl Leonardo immer noch ein sehr junger Filmstar ist, hat er bereits in einer Vielzahl sehr unterschiedlicher Filme mitgespielt. Aber der Reihe nach ...

Leo merkte mehr und mehr, daß die Mitwirkung in solchen TV-Serien nicht seinen Vorstellungen von Schauspielerei entsprach. Er ging an seinen drehfreien Tagen immer und immer wieder zu jedem Casting, das angesagt war, immer wieder sprach er vor, immer wieder drehte er Probeszenen – und immer wieder wurde er abgelehnt.

Doch dann platzte mitten in die Dreharbeiten zu der TV-Serie »Growing Pains« sein erstes Filmangebot!

1991: Der erste Film: »Critters 3 – Die Kuschelkiller kommen «

Nun ja, »Critters 3« war eigentlich kein besonders aufregender Film, und Leo hatte auch keine besonders faszinierende Rolle, aber er war endlich beim Film!

»Critters 3 « war die Fortsetzung von »Critters – Sie sind da!« und »Critters 2 – Sie kehren zurück«. Es ging um gefräßige Kugelmonster, die die Bewohner eines Mietshauses terrorisieren und von einem galaktischen Jäger zur Strecke gebracht werden.

Er stellte – und stellt – eben an sich und seine Rollen erheblich höhere Ansprüche als die, die er damals zu erfüllen
hatte.

In »Critters 3« spielte Leonardo die Rolle eines gewissen
Josh. Immerhin wurde er an siebter Stelle auf der Besetzungsliste genannt. Die vor ihm stehenden Schauspieler
gehörten zur Kategorie der B-Pictures-Stars; also keine besonders großen Namen.

In Deutschland kam der Film erst gar nicht mehr in die
Kinos, sondern wurde am 9. April 1992 bei VPS direkt als
Videopremiere veröffentlicht und auch im Fernsehen ge-
zeigt.

1992: Der zweite Film: »Poison Ivy – Die tödliche Umar-
mung«

Diesmal wurde Leonardo in der Besetzungsliste zwar nur an
neunter Stelle genannt, aber vor ihm standen mit Drew
Barrymore, Tom Skerritt und Cheryl Ladd für damals recht
bekannte Hollywoodstars. Heute liegen sie im Bekanntheits-
grad und als Kassenmagneten weit hinter ihm.

Der Film selbst erhob keine großen Ansprüche. Es war
ein mäßig spannender Thriller mit erotischen Einlagen. Für
Leonardo brachte er aber die ersten Kontakte zur damali-
gen Oberliga der Hollywoodstars. Er verlor die Angst vor
großen Namen und sammelte wieder Erfahrungen, die er in
den nächsten Filmen endlich äußerst erfolgreich umsetzen
konnte.

1993: Robert De Niro ruft: »This Boy's Life«

Sein erster richtiger Film war zweifellos seine Rolle als Tobias Wolff in »This Boy's Life.« Im Alter von gerade mal siebzehn Jahren setzte sich DiCaprio im Casting gegen viele Gleichaltrige durch, sicherlich auch dank seiner vielen und unermüdlichen Besuche sämtlicher erreichbaren Castings. Er erhielt in »This Boy's Life« die Rolle eines Teenagers in den 50er Jahren, der von seinem Stiefvater mißhandelt wird.

DiCaprio spielte endlich seine erste größere Rolle, und das gleich an der Seite der Hollywood-Legende Robert De Niro und des Filmstars Ellen Barkin. Und hinter diesen beiden stand er bereits als Nummer drei auf der Besetzungsliste! Diese Rolle entsprach auch endlich seinen durchaus anspruchsvollen Vorstellungen von der Schauspielerei.

Aber selbst die brillante und hochgelobte Vorstellung von Leonardo führte nicht dazu, daß der Film Kassenrekorde erzielte. Aber Leo wurde wenigstens als aufstrebendes Talent bemerkt.

Er erhielt erste Auszeichnungen und Ehrungen für seine Darstellung und erlebte den ersten Hauch von Ruhm.

Der Film wurde bald vergessen, nicht aber DiCaprio. Kritiker lobten ihn dafür, daß er durchaus mit dem schon damals legendären Robert De Niro mithalten konnte, und ehrten ihn als den »Schauspieler, auf den man achten muß.«

1993: Der Durchbruch: »Gilbert Grape – Irgendwo in Iowa«

Das Lob wurde im selben Jahr aber noch größer, als DiCaprio an der Seite von Johnny Depp dessen geistig behinderten Bruder Arnie in »Gilbert Grape« spielte und damit in die Kinos kam. In der Besetzungsliste war er wieder die Nummer drei – er etablierte sich in Hollywood langsam an der Spitze.

In seinem zweiten richtigen Kinofilm mit dem Originaltitel »What's Eating Gilbert Grape« überzeugte Leonardo derart mit einer schauspielerischen Meisterleistung, daß er für einen Oscar nominiert wurde. Er bekam ihn zu seiner Erleichterung nicht, denn »was hätte es sonst für mich noch zu erreichen gegeben?« meinte er dazu.

Im selben Jahr noch erhielt Leonardo auch von anderer Seite ein großes Lob, nämlich vom legendären Drehbuchautoren William Goldman.

Er forderte: »Lieber Gott, bitte laß Leonardo DiCaprio niemals etwas Schlimmes widerfahren!«

Was Goldman noch nicht wissen konnte: Man würde Leonardo sehr bald Schlimmes widerfahren, ja, ihn sogar sterben lassen – allerdings nur in manchen seiner kommenden Filme. Und das tat seinem kometenhaften Aufstieg keinen Abbruch, im Gegenteil.

»Gilbert Grape« ist die zeitlos-schöne Geschichte eines jungen Mannes, der als Aushilfe eines kleinen, altmodischen Lebensmittelladens in dem Nest Endora festsitzt. Familie,

Freunde, alle mäkeln an ihm rum, bis ein Mädchen in das Städtchen kommt, und alles aufwirbelt, was Gilbert bisher in seinem Innersten verschlossen hat.

An der Seite von Johnny Depp spielt Leo dessen kleinen, geistig zurückgebliebenen Bruder Arnie. Mit viel Sorgfalt und exzellentem Einfühlungsvermögen studierte Leo zuvor während eines Aufenthalts in einem Wohnheim die typischen Verhaltensweisen von geistig Behinderten, um sich optimal auf seine Rolle vorzubereiten. Ein autistischer junger Mann, mit dem er sich ausführlich beschäftigte, diente ihm dann als Vorbild für die Figur Arnie Grape.

Eine Sozialarbeiterin, die den Film mit Begeisterung gesehen hatte, sagte folgendes:

»Mir persönlich gefällt die Begrifflichkeit ‘geistig Behinderte’ gar nicht. Ich betrachte diese Personen lieber als Menschen, die sich permanent auf einer anderen Bewußtseinsebene befinden. Wenn man diese Tatsache erkannt hat, entwickelt man zwangsläufig eine andere Definition von Realität. Es ist eine Frage des Standpunkts, wer behindert ist und wer nicht, und es ist auch eine Frage des Standpunkts, ob man diese Frage überhaupt stellt.

Ich selbst habe zwei Jahre lang in der Betreuung geistig Behinderter gearbeitet und kann Leonardo hier nur absolut perfekte Arbeit bescheinigen. Seine Darstellung von Arnie ist unglaublich realistisch und überzeugend echt. Die wirkliche Individualität, die Einzigartigkeit und damit auch die Unberechenbarkeit eines geistig Behinderten faszinierte Leonardo ebenso wie mich. Und ihm gefiel wohl auch der Reiz, sein Verhalten, seine Gestik und Artikulation in dieser Rolle frei mit eigenen Ideen auszugestalten.«

Deutlicher kann auch ein professioneller Filmkritiker die Leistung von DiCaprio kaum beschreiben.

Oscar-Preisträger und Regisseur Lasse Hallström schuf mit »Gilbert Grape« den wohl schönsten Film des Jahres 1993 und zugleich eine wunderbare Erzählung aus der US-Provinz, wo schräge Charaktere und seltsame Gestalten noch fast alltäglich sind und kleine Veränderungen eine ganze heile Welt zum Einsturz bringen können.

Starregisseur Lasse Hallström verfilmte dabei eine Novelle von Peter Hedges, der sein Werk eigenhändig für die Leinwand adaptierte, mit viel Gefühl und sehr viel persönlichem Engagement.

»Alle meine Filme haben den Anspruch, wahrhaftig zu sein«, so Hallström über seinen Kinoerfolg »Gilbert Grape«. »Wenn Sie das Leben abbilden wollen, müssen Sie Drama und Komödie so lange neu definieren, bis das Leben selbst dramatisch und komisch genug wird.« Daß dem Oscar-Preisträger die Umsetzung dieser Definition gelang, zeigt der Erfolg, den die Geschichte aus der US-Provinz im Kino erzielte. Starkameramann Sven Nykvist (Oscar für »Schreie und Flüstern« und »Fanny und Alexander«) war verantwortlich für die klaren, eindrucksvollen Bilder.

Zehn Wochen lang hat sich »Gilbert Grape« in den deutschen Kino-Top-Ten behauptet. In renommierten Programmkinos hat Hallströms Meisterwerk heute bereits einen festen Platz auf der Liste der immer wieder gezeigten (Kult-)Klassiker.

Nicht zuletzt profitiert »Gilbert Grape« von seiner hochkarätigen Besetzungsliste: Johnny Depp (»Edward mit den Scherenhänden«, »21 Jump Street«), für viele das definitive Schauspieldol der 90er, überzeugt in einer der wohl aus-

drucksvollsten Rollen seiner bisherigen Karriere. Der traum-
tänzerische Part des introvertierten Gilbert scheint dem Jungstar, der sich durch eigenwillig-schöne Filme wie »Arizona
Dream« und »Benny und Joon« einen Namen gemacht hat,
auf den Leib geschrieben. Lasse Hallström über seinen
Hauptdarsteller: »Johnny Depp bringt die Sensibilität mit,
die für die Rolle so wichtig ist.«

An seiner Seite als geheimnisvolle Weltenbummlerin
Becky brilliert eine der hoffnungsvollsten weiblichen Schau-
spieltalente Hollywoods und Oscar-Preisträgerin: Juliette
Lewis.

Einfach atemberaubend gut ist Leonardo DiCaprio.

Der ausführende Produzent, Alan C. Blomquist über ihn:
»Leonardo gibt der Figur des Arnie diese kindliche Dimen-
sion, indem er ihn sehr frei, sehr offen und ehrlich spielte. Er
ist ein großartiger Gegensatz zu Johnnys Gilbert, der sehr
ernsthaft durchs Leben geht.«

Kurz: »Gilbert Grape« ist auch dank Leonardo DiCaprio
ein hinreißend bebildertes, eindrucksvolles Filmerlebnis.
Eine liebenswerte Geschichte aus der Provinz, in deren
schrullige Charaktere man sich auf Anhieb verliebt.

1994: Ein wichtiger Kurzfilm: »The Foot Shooting Party«

Im Jahr 1994 produzierte Kenneth F. Carter für Touchstone
Pictures einen kleinen, minütigen Kurzfilm mit dem Titel
»The Foot Shooting Party«. Regie führte dabei Produzen-
tenehefrau Annette Haywood-Carter, Hauptdarsteller war

Leonardo DiCaprio. Er spielt einen Rock-'n'-roll-Sänger der frühen 70er Jahre, der sich vor der Wahl sieht, nach Vietnam zu gehen oder sich eine Kugel durch den Fuß zu jagen, um eine Einberufung zu verhindern.

Der Film ließ von Anfang an ahnen, daß er nicht der Kassenknüller werden würde, und tatsächlich haben ihn nur sehr wenige Zuschauer überhaupt zu sehen bekommen. Aber Leo scheute sich nicht, auch solche Angebote anzunehmen, wenn sie ihm beruflich reizvoll erschienen. Und siebenundzwanzig Minuten im Mittelpunkt eines Kurzfilms zu stehen war für ihn bestimmt ein Anreiz.

Auch später liebte er immer wieder Gastauftritte – egal, ob sie in den Besetzungslisten genannt oder ungenannt blieben. Dies zeigt wieder einmal, wie ernsthaft er seine beruflichen Entwicklungsmöglichkeiten zu nutzen versteht.

1995: Auf der Straße zum Erfolg: »Jim Carroll – In den Straßen von New York«

Er hat es geschafft! Endlich hat sich die ganze Arbeit gelohnt! Leonardo steht an der Spitze der Besetzungsliste für einen erfolgreichen Film über ein Idol der 60er Jahre!

Aussichtsreicher Kandidat für die Rolle des Jim Carroll war zuvor Teenstar River Phoenix gewesen, der jedoch – eine grausame Ironie des Schicksals – an den Folgen seines eigenen Drogenmißbrauchs starb, bevor er den Film drehen konnte.

Leonardo DiCaprio spielt Jim Carroll, ein junges Basketballtalent, das bei seiner obsessiven Suche nach Reinheit und Wahrhaftigkeit auf den Straßen von New York in einen Drogenstrudel gerät und unweigerlich nach unten gezogen wird.

»The Basketball Diaries«, so der Originaltitel, ist sicherlich Leonardos intimster Film: In einer atemberaubenden Direktheit spielt er Jim Carroll, der wegen seines Basketballtalents in eine von pervertierten, miesen Lehrern geführte katholische Eliteschule aufgenommen wird, um in deren Schulmannschaft zu spielen. Zusammen mit seinen Kameraden stürzt er in die Hölle der Drogensucht, fällt abgrundtief.

Die Geschichte ist wahr. Jim Carroll ist die US-60er-Jahre-Variante der deutschen »Christiane F..« Aber im Gegensatz zu ihr, die heute immer mal wieder an der Nadel hängt, faßte Jim als Musiker und in erster Linie als erfolgreicher Schriftsteller Fuß und wirkte auch an der Verfilmung seiner autobiographischen Tagebücher mit.

Leonardo ließ sich von Jim Carroll aus erster Hand die Ereignisse erzählen und Ratschläge geben, um die Rolle so realistisch wie möglich zu spielen.

Wie schon bei »Gilbert Grape« informierte er sich bei Fachleuten ausführlich über die Wirkung von Drogen auf die körperlichen und psychischen Reaktionen. »The Basketball Diaries« ist ein Statement gegen den Drogenmißbrauch, aber es ist kein Film, der den moralischen Zeigefinger hebt. Vielmehr zeigt er das ganze Geschehen direkt und ungekünstelt aus der puren Gefühlswelt des verirrten und verzweifelten Jugendlichen. Zu dieser nackten Wahrheit bedarf es keiner belehrenden Worte mehr.

Seit der ersten Veröffentlichung von »The Basketball Diaries« drängte Hollywood auf eine Verfilmung des Kultbestsellers. Immer wieder wurde das Buch über die Jahre von

Produzenten und Studios optioniert. Immer wieder scheiterten die Anstrengungen schon bei der Umsetzung der nichtlinearen Erzählung in ein geeignetes Drehbuch. In den frühen 80er Jahren war Matt Dillon im Gespräch, unter der Regie von John Cassavetes den jungen Jim Carroll zu spielen.

Die Produktionsfirmen von John Malkovich und Robert Redford zeigten Interesse und verwarfen das Projekt wieder. Heiße Jungstars wie Eric Stoltz, »Breakfast-Club«-Star Anthony Michael Hall und Ricky Schroder meldeten Ansprüche an der prägnanten Rolle an. Und zuletzt , wie erwähnt, River Phoenix. Nichts geschah. Nur Carroll freute sich über die alljährlichen Schecks für neue Optionen.

Als 1992 die letzte Option auslief, machte sich der Videoclip-Regisseur Scott Kalvert vierzehn Jahre nach der Veröffentlichung des Buches auf, »The Basketball Diaries« endlich doch noch auf die Leinwand zu bringen. Er hatte die Autobiographie erstmals im Alter von fünfzehn Jahren als Jugendlicher in Queens gelesen und war seither gefesselt.

»Wenn nur jemand leidenschaftlich genug gewesen wäre, dann hätte man das Projekt längst verwirklichen können«, sagt Kalvert mit Bestimmtheit. Er zeigte die nötige Passion und Besessenheit. Mit dem Buch bewaffnet, machte er die Runde bei den großen Studios. Dort schreckte man vor der Härte des Stoffes zurück. Kalvert war jedoch nicht bereit, publikumsfreundliche Änderungen vorzunehmen. Die »Basketball Diaries« sollten so verfilmt werden, wie sie geschrieben wurden: Wild, kompromißlos und absolut lebensnah – und das war das, was später Leonardo an dem Film so reizte!

Schließlich wandte sich Kalvert an Liz Heller, eine unabhängige Produzentin bei Island Pictures. Die ließ sich von

Auf der Straße zum Erfolg:
»Jim Carroll« - 1995

Hollywoodstar in:
»Schneller als der Tod« - 1995

der Begeisterung des Regisseurs anstecken und ermöglichte die Kontakte zu Island-Chef Chris Blackwell, der sich bereit erklärte, den Film zu finanzieren. »Scott war so leidenschaftlich, was das Material anbetraf. Auch ich war fasziniert davon, weil es ein Stoff für und über die Jugend von heute ist, obwohl er vor mehr als dreißig Jahren geschrieben wurde«, erklärt Liz Heller.

Für das Drehbuch fiel die Wahl auf Bryan Goluboff, der ebenfalls ein eingefleischter Jim-Carroll-Fan ist. »Ich habe all seine Bücher und Platten. Das erste Mal las ich 'The Basketball Diaries' mit dreizehn. Danach folgte ich Carroll zu all seinen Lesungen im Village und drückte ihm sogar meine eigenen Gedichte in die Hand. Ich muß ihn um die vierzig, fünzig Male gesehen haben. Seine Tagebücher gefielen mir immer besonders gut. Ich fand, daß er darin die gesamte Erfahrung des Jungseins auf den Punkt brachte.« Goluboff legte ein Skript vor, das endlich den Nerv der Geschichte traf und alle Beteiligten in Euphorie versetzte.

Der größte Coup gelang den Filmemachern schließlich mit der Verpflichtung von Leonardo DiCaprio für die Rolle des Jim Carroll. Kalvert und Liz Heller hatten den damals gerade mal Achtzehnjährigen in »This Boy's Life« gesehen und waren mitgerissen von seiner unglaublichen Energie und dem engelsgleichen Gesicht. Darüber hinaus sieht er dem wirklichen Carroll derart ähnlich, daß der Schriftsteller nicht umhin konnte, DiCaprios Mutter später ein Autogramm mit der Widmung »Danke, daß Sie meinen Doppelgänger das Licht der Welt haben erblicken lassen« zu schicken.

DiCaprio sagte sofort zu, nachdem er das Drehbuch gelesen hatte.

»Es kommt nur ganz selten vor, daß man etwas derart Rohes findet, mit so einer vollkommenen Ehrlichkeit geschrieben, daß man nach dem Lesen glaubt, die Person genau zu kennen; wie sie ist, wie sie denkt, was sie mitgemacht hat und wie sie als Mensch gelebt hat«, erklärte er begeistert.

Die Verpflichtung von Leonardo entpuppte sich schnell als Glücksgriff. Denn nachdem »Gilbert Grape« Ende 1993 mit phänomenalem Presseecho gestartet und DiCaprio zwei Monate später, Ende Januar 1994, für einen Oscar nominiert wurde, war »The Basketball Diaries« auf einen Schlag sehr viel mehr als nur die obskure Verfilmung eines vermeintlich unverfilmbaren Buches. Mit einem Mal war es das neue Projekt des vielversprechendsten Jungstars der Vereinigten Staaten, und die Medien begannen, Interesse an der Produktion zu zeigen.

Die weitere Besetzung war schnell versammelt. Nur um Mark Wahlberg alias Marky Mark in der Rolle von Jims Freund Mickey gab es anfänglich Kontroversen, weil Leonardo DiCaprio nicht glauben wollte, daß das ehemalige Calvin-Klein-Model ein ernsthafter Schauspieler sei. Erst nachdem Regisseur Kalvert mit Engelszungen auf seinen jungen Star einredete und Mark einen überzeugenden Vorsprechtermin hinlegte, ließ sich Leonardo überzeugen.

Ironischerweise hatte auch Marky Mark zunächst Vorbehalte: »Leonardo kommt von der Westküste, ich von der Ostküste. Er ist ein Schauspieler, ich bin einfach nur ich. Es war eine komische Situation. Noch komischer war allerdings, daß es gleich »Klick« machte, als wir uns kennenlernten.« Am Set wurden die beiden die engsten Freunde. Nicht selten machten sie nach Drehschluß den *Big Apple* New York gemeinsam unsicher.

Kalvert war klar, daß die Drogensequenzen von besonderer Wichtigkeit sein würden. Der Drogenberater Eric »E-Factor« Weinstein, ehedem selbst abhängig, wurde engagiert, um den jungen Schauspielern elementare Dinge über den Gebrauch von Drogen und ihrer Wirkung beizubringen und ihnen zu zeigen, wie man high wirkt, ohne es tatsächlich zu sein.

»Ein bißchen was wußte ich natürlich schon vorher,« meint Leonardo DiCaprio. »Was einen fickrig macht, was einen müde macht. Aber Eric brachte mir all die kleinen, feinen und wichtigen Nuancen bei.«

Mit Erfolg: Die Konsequenz, mit der sich der Darsteller schließlich in die emotionell aufreibenden Szenen stürzte, beeindruckte die ganze Crew.

»Es hat Spaß gemacht«, behauptet DiCaprio mit ernstem Gesicht. »Wenn Jim auf Entzug ist, dann wird er zum Tier.

Ich habe Emotionen freigelegt, von denen ich gar nicht wußte, daß ich sie habe.

Und mit jedem Mal ging ich noch ein bißchen weiter.«

Jim Carroll selbst, der einen kleinen Auftritt als Junkie-philosoph Frankie Pinewater hatte, besuchte den Set häufig und stand mit Rat und Tat zur Seite.

Drogen waren natürlich das beherrschende Thema. Dabei war es dem Filmemacher wichtig, sie weder zu glorifizieren noch sie zu verharmlosen. »Ich will mit meinem Film nicht predigen, daß man keine Drogen nehmen oder keinen Sex haben oder dieses oder jenes nicht tun soll. Darum geht es überhaupt nicht«, erläutert Scott Kalvert. »Im Laufe des Lebens dieses Jungen werden ständig neue Samen gestreut. Es beginnt großartig. Er hat eine gute Zeit. Seine Freunde sind in New York, sind wild und machen alle diese abgefahrenen Sachen. Und dann geht die Geschichte mit dem Dope los. Jetzt wird alles finster. Wenn sich Jugendliche den Film anschauen, dann sehen sie die guten und schlechten Seiten, beide Standpunkte. Wenn sie daraus etwas lernen, dann haben wir unseren Job gemacht und die Aussagekraft des Materials gewahrt.«

Leonardo DiCaprio sieht das ähnlich: »Viele Leute haben befürchtet, der Film könne Drogengebrauch glorifizieren. Ich finde, er zeigt nur, wie leicht es ist, abhängig zu werden und wie schnell einem die Sache über den Kopf wachsen kann, wenn man sich selbst einen Grund für den ersten Schuß gegeben hat. Der Film zeigt die Zerstörung und möglichen Konsequenzen jenes ersten Schusses.«

Die im Buch immer wieder angesprochenen Erlebnisse mit Freiern konzentrierten Kalvert und Drehbuchautor Bryan Goluboff auf eine einzige, bewegende Szene im Grand Central Terminal. Für DiCaprio war es dennoch der nervlich aufreibendste Moment der gesamten Produktion: »Es ist eine schwierige Szene. Ich habe mir die Tatsache zu Nutzen gemacht, daß ich angewidert war, wenn ich daran denken mußte, was der wirkliche Jim im richtigen Leben hat durchmachen müssen.

Dieser Typ küßte meinen Hals und rieb meinen Bauch.

Ganz unten hat er mich nie berührt. Aber die Art, wie er mich bewegte und benutzte, war abstoßend. Ich hätte ihm am liebsten eine reingehauen.«

Trotz einer Reihe von Zwischenfällen – ein Assistenzregisseur wurde bei der Directors Guild of America verpfiffen und mußte die Produktion verlassen, und einer Gruppe von Arbeitern waren die anstrengenden Dreharbeiten mitten in der Nacht zu viel, und sie verließen den Set einfach – gelang es schließlich, »The Basketball Diaries« in nur achtwöchiger Drehzeit fertigzustellen. Die Produktionsleiterin Kathie Hersch faßte die Erfahrung trocken zusammen: »Scott sagt immer, wir hätten einen 20-Millionen-Dollar-Film mit vier Millionen gemacht.«

»The Basketball Diaries« hatte seine Weltpremiere 1995 in Utah beim berühmten Sundance Film Festival von Robert Redford.

Interview mit Leonardo DiCaprio

Frage: Das Buch spielt in den 60er Jahren. Für den Film wurde die Handlung in die Gegenwart verlegt. Was macht »The Basketball Diaries« zu einem Stoff der 90er Jahre?

Leonardo DiCaprio: Es ist kein Stoff der 90er Jahre. Das hat mir nie gefallen. Deswegen hätte ich den Film fast nicht gemacht. Die Schönheit des Buches hat viel mit der Zeit zu tun, in der es geschrieben wurde, und daß es immer noch seine Berechtigung hat. Das Studio und der Regisseur Scott Kalvert wollten es in die Gegenwart verlegen, weil das Budget ohnehin schon so knapp war. Wir kamen zu der Einigung, wenigstens nicht das moderne New York der Hip-Hop-Kultur zu zeigen, sondern nur dann Zugeständnisse an die Gegenwart zu machen, wenn es sich nicht vermeiden ließ. Also wenn Autos und Straßen zu sehen sind.

Frage: Hinterläßt ein Film über Heroin in den 90er Jahren einen ebenso starken Eindruck wie das Buch in den 60er?

Leonado DiCaprio: Das Buch ist ein Klassiker: Für die jungen Dichter in New York ist Jim Carroll einfach der Größte. Das Thema ist wieder brandaktuell: Heroin erlebt gerade ein großes Comeback: Man kann es jetzt durch die Nase schnupfen, anstatt es zu spritzen. Das macht es für den Benutzer viel attraktiver. In dem Film geht es aber nicht darum zu zeigen, wie gefährlich Drogen sind. Wir wollten niemanden belehren. Das war auch nicht die Absicht des Buches. Aber jeder, mit dem ich nach dem Film gesprochen habe, meinte bestimmt, er wolle niemals zur Drogenszene gehören.

Frage: Hat sich deine Einstellung zu Drogen geändert, nachdem du Jim Carroll getroffen und gesprochen hast?

Leonardo DiCaprio:

Ich mag Drogen nicht.

Das war mir schon sehr früh klar. Ich habe ein paar Sachen probiert, als ich jünger war. Aber mir sagte der Mangel an Kontrolle nicht zu, und daß ich an Orte mitgenommen wurde, an die ich nicht wollte. Das Interessante an dem Treffen mit Jim und an seinem Buch ist seine Aufrichtigkeit und die Tatsache, daß ihm die Droge gefiel. Er sagte, Heroin sei die beste Droge der Welt und gleichzeitig das schlechteste, was man sich selbst antun könne. Das Buch spricht junge Leute an, weil Jim nicht versucht, irgend jemanden zu belehren. Er beschrieb ehrlich, wie er sich gefühlt hat und was ihm Tag für Tag auf den Straßen widerfahren ist. Deswegen war es so cool. Er ist einer der ehrlichsten Typen, die ich in meinem Leben getroffen habe. Er sagt jedem ganz ehrlich alles über sich, wie ein offenes Buch.

Frage: Haben dich die Dreharbeiten in New York verändert?

Leonardo DiCaprio: Die Zeit in New York war eine der schwersten in meinem Leben. Es war hektisch, angespannt. Ständig neue Emotionen, vierzehn Einstellungen an einem Tag, neues Make-up. In Los Angeles ist jeder nett zu dir, in New York sind die Leute ehrlich. Wenn ihnen was nicht paßt, dann sagen sie es dir auch. Wenn man die Kids auf der Straße sieht, erkennt man erst, daß die Drogengeschichte in den 90er Jahren viel schlimmer ist als jemals zuvor. Trotzdem muß ich sagen, daß New York seit den Dreharbeiten meine Lieblingsstadt ist. An allen Ecken gibt es etwas Neues zu sehen und zu erleben.

Frage: Fällt es dir leicht, nach einem Drehtag einfach wieder abzuschalten? Wenn man dich auf der Leinwand sieht, dann bist du so unglaublich intensiv.

Leonardo DiCaprio: Kein Problem. Wenn ich mir für etwas auf die Schulter klopfe, dann ist es das. Acting ist, auf den Punkt gebracht, Vorspielen. Als Kid habe ich das ständig mit meinen Freunden gemacht, habe ihnen irgendwelche Vorstellungen gegeben. Bei »The Basketball Diaries« waren ein paar der Szenen so emotional, daß ich eine halbe Stunde gebraucht habe, um mich wieder zu beruhigen. Dann mußte ich mir selbst einreden, ruhig zu bleiben, das ist nur ein Film, es gibt keinen Grund traurig zu sein. Ich gehöre nicht zu den Schauspielern, die sich akribisch auf Rollen vorbereiten müssen. Ich bin ein guter Beobachter und schnappe viele Sachen beim Zusehen oder Lesen auf.

Frage: Die Szene in »The Basketball Diaries«, in der du an die Tür deiner Mutter schlägst und um Geld bettelst, ist die erschütterndste des ganzen Films: Wie hast du dich darauf vorbereitet?

Leonardo DiCaprio: Überhaupt nicht. In der Szene gab es ursprünglich keinen Text. Ich sollte an die Tür schlagen und dann einschlafen. Scott ermutigte mich, etwas anderes auszuprobieren.

Ich arbeite besser, wenn man mir die Freiheit gibt, spontan zu sein.

Ich hasse es, wenn ich an Ort und Stelle bleiben und festgelegte Texte aufsagen muß. Das irritiert mich, und meine Leistung leidet darunter.

Frage: Hattest du beim Spielen jemals Angst, weil du etwas in dir entdeckt hast, das du nicht erwartet hättest?

Leonardo DiCaprio: Nein, eigentlich nicht. Bei Szenen wie die gerade angesprochene gehe ich einfach nur so weit, wie ich kann. Machmal merke ich dann, daß da nichts mehr ist. Ich muß mir dann irgend etwas Schreckliches vorstellen. Daß meine Mutter gerade verbrennt oder so, und ich zusehen muß. Da kann ich mich gut reinsteigern.

1995: Hollywoodstar in »Schneller als der Tod«

Leonardo DiCaprio hatte jetzt eine Stufe in Hollywood erreicht, auf der er auch für die wirklich großen Stars als kompetenter Partner gehandelt wurde. Sharon Stone bestand darauf, daß er in ihrem nächsten Film mitspielen sollte. Auch

Superstar und Oscar-Preisträger Gene Hackman hatte keine Berührungsängste und behandelte den Jungstar, der zum erstenmal mit den großen Hollywoodstars drehte, wie einen Partner.

Sharon Stone ist als Produzentin des Films und Kollegin (sie spielt selbst die Hauptrolle) absolut begeistert von Leonardo und sagt über ihn:

»Er ist so gut, daß man Angst kriegt. Ich würde ihn im Huckepack zum Drehort tragen, wenn ich ihn nicht anders dorthin schaffen könnte.«

Zwar stand Leonardo in der Besetzungsliste diesmal »nur« an vierter Stelle, aber dafür war es seine erste Hollywood-Großproduktion, und da konnte er das in Kauf nehmen.

DiCaprio spielt in »Schneller als der Tod« die Rolle des jugendlichen Rebellen Kid. Dieser ist der verzweifelt um die Liebe seines Vaters Herod kämpfende uneheliche Sohn, draufgängerisch, sensibel und mit dem Mundwerk genauso schnell wie mit dem Schießeisen.

Leonardo DiCaprio: »Kid ist eine gute Variante von *Billy the Kid*. Er ist solange frech und selbstbewußt, bis er auf seinen Vater trifft. Seine Prahlerei, er könne schneller töten als irgend jemand in der Stadt, ist nichts weiter als ein Betteln um dessen Aufmerksamkeit. Kid ist ein trauriger Mensch – ein wirklich interessanter Charakter für einen Schauspieler.«

Die unendliche Weite der amerikanischen Prärie. Ein zerlumpter Goldgräber gräbt im Sand, als ginge es um sein Leben. Plötzlich Hufgetrappel, die Silhouette eines einsamen Reiters zeichnet sich am Horizont ab. Der Goldgräber greift zum Gewehr, verschanzt sich hinter seinem Planwagen. Ein Fremder, das ist im Wilden Westen immer zuerst ein Feind. Als der Reiter nah genug herangekommen ist, drückt der Goldgräber ab. Der Fremde fällt vom Pferd. Der Schütze nähert sich ihm, doch als er bei der vermeintlichen Leiche ankommt, erweist die sich als quicklebendig. Und bevor der Goldgräber weiß, wie ihm geschieht, findet er sich an seinen Planwagen gekettet wieder. Besonders schmachvoll: Der Fremde ist eine Frau, die ihrem Beinahe-Mörder auch noch den Hut abnimmt, da dieser ihren durchlöchert hat. »Ich bringe Dich um!« tobt der Goldgräber. Doch Ellen, das Cowgirl mit dem Killerblick, reitet ungerührt weiter.

Schon die erste Szene von »Schneller als der Tod« vermittelt die Ausstrahlung des ganzen Films: typische Westernmotive, ungewöhnliche Kameraeinstellungen, Action, aufregende Stunts, ein hintergründiger Humor – und statt wettergegerbtem Helden eine schöne Heldin, die es bei Schießereien mit jedem Mann aufnehmen kann. »Wir wollten einen gradlinigen, schnellen Actionfilm machen«, sagt Regisseur Sam Raimi. »Unser Ziel ist Unterhaltung. Es ist eine Geschichte aus dem Wilden Westen, jedoch mit einer Frau in der Hauptrolle. Und gerade das interessierte mich.«

Allerdings: »Schneller als der Tod« ist nicht nur ein Western über eine Revolverheldin. Vor allem ist »Schneller als der Tod« eine klassische Westerngeschichte.

Aber wer die originellen, ungewöhnlichen Filme von Regisseur Sam Raimi kennt, ahnt daß diese Geschichte auf einzigartige Weise erzählt wird: »Das ist der Wilde Westen unserer Phantasie. Unser Ziel war nicht Realismus, wir wollten keinen Dokumentarfilm machen. Und mit Sicherheit verdanken wir Sergio Leone mehr als John Ford.«

Und Leonardo? Hat es ihm Spaß gemacht, in einem richtigen Western mitzuspielen? Was für eine Frage! Natürlich war das für ihn die Erfüllung einer seiner Kinderträume. Allerdings hegte er keine Ambitionen als Westernheld á la John Wayne in die Geschichte einzugehen; ihn reizte weiter der Aufbruch zu neuen Ufern.

1995: Wilder Dichter: »Total Eclipse«

Ein großer Hollywoodfilm lag hinter ihm – und es war Zeit für ein neues Abenteuer. Leonardos bisher wohl unkonventionellste und am häufigsten unverstandene Rolle ist wohl die des avantgardistischen, homosexuellen Dichters Arthur Rimbaud in »Total Eclipse«.

Arthur Rimbaud, der 1854 in Charleville, Frankreich, geborene Bauernjunge, begeistert sich schon früh für Werke der Literatur, beginnt eigene Gedichte zu schreiben und reißt mit sechzehn Jahren von zu Hause aus, um das Abenteuer zu suchen. Er lebt in Paris und London, trifft die Intellektuellen seiner Zeit, geht eine dramatische Beziehung mit dem älteren und verheirateten Dichter Paul Verlaine ein.

Rimbaud erhebt den Vulgärismus zur Poesie, seine Werke sind die hemmungslose Ausgeburt des psychotischen Erlebens einer Welt voller Widersprüche und Perversion. Der Literaturwissenschaftler Yves Bonnefoy verdeutlicht dies in seiner psychologischen Analyse der Arbeiten Rimbauds vor dem Hintergrund der Biographie des Dichters. Eine nicht ganz einfache Materie, so wundert es kaum, daß der Film nur wenige Leute erreichen konnte.

»Ich wollte diese Rolle, weil Rimbaud ein Genie war«, erklärt Leonardo DiCaprio. »Wir haben in Frankreich gefilmt, und dort ist Rimbaud so was wie James Dean bei uns. Aber in den Vereinigten Staaten wissen die Leute gar nicht, wer er ist.«

Etwas schräg scheint dieser Vergleich, aber er spiegelt in gewisser Weise das mangelnde Bewußtsein für europäische Kulturgeschichte, wie es in der US-Gesellschaft relativ verbreitet ist. Leonardo gehört auch, was das angeht, nicht zur breiten Masse. Wie immer ist er auch hier etwas Besonderes. Er interessiert sich für alles, was in irgendeiner Weise anspruchsvoll ist. So ist auch Leonardos Streben, hintergründige und in diesem Fall auch intellektuelle Rollen zu spielen, leicht nachzuvollziehen.

Übrigens fragte er, was »Total Eclipse« anging, Jim Carroll um Rat. Nach »The Basketball Diaries« konnte er sich nicht zwischen den beiden angebotenen Rollen James Dean und Arthur Rimbaud entscheiden. Carrolls weisen Rat beherzigte Leonardo und traf seine Entscheidung. Er nahm die Rolle in »Total Eclipse« an, wohl wissend, daß dies kein Meilenstein einer kommerziellen Schauspielerkarriere sein würde.

»Ich bin stolz darauf, daß ich diese beiden Filme gemacht habe«,

sagt Leonardo über »The Basketball Diaries« und »Total Eclipse«. »In fünf Jahren wird sich niemand mehr an die schlechten Kritiken erinnern, und mein Mitwirken an diesen Projekten wird als wichtiger Teil meiner gesamten Arbeit angesehen werden.«

Kühn, anspruchsvoll und provozierend schildert »Total Eclipse« die Geschichte eines brisanten Dreiecksverhältnisses. Wie in »Amadeus« wird hier die Zerrissenheit eines jugendlichen Genies verdeutlicht und die dauernd im Inneren des Künstlers ringenden kreativen und destruktiven Kräfte.

»Letztlich«, so meint Regisseurin Agnieszka Holland, »ist »Total Eclipse« eine Geschichte über die Liebe. Verlaine liebt Rimbaud, den dieser als vollkommen außergewöhnlich empfindet. Rimbaud liebt Verlaine, weil er einen Augenblick lang glaubt, in ihm einen Weggefährten für die Suche nach dem Absoluten gefunden zu haben.«

Auch wenn die Handlung in den 70er Jahren des 19. Jahrhunderts spielt, ist »Total Eclipse« höchst aktuell. »Dichter waren damals nicht die Beamten der Literatur, die sie heute sind«, meint Agnieszka Holland. »Sie erfanden ihr Dasein jeden Augenblick neu und nutzten ihre Kreativität dazu, dies zu schaffen. Verlaine und Rimbaud waren letztlich sehr verschieden. Doch beide meinten sie, alles finden und ohne jegliche Beschränkungen alles ausprobieren zu können.«

Drehbuchautor Christopher Hampton, der sich in Oxford mit Rimbaud beschäftigte, adaptierte mit »Total Eclipse« eines seiner frühesten Stücke. Für ihn barg diese Geschichte »die Möglichkeit, eine Reihe von Fragen rings um ein zentrales Mysterium zu stellen: »Was bedeutet es, ein Dichter zu sein? Was kann man vernünftigerweise zu erreichen hoffen? Wo lagen die Freuden und – wenn es denn welche gab – die Verantwortungen? Würde man die Welt verändern können, oder würden die Fähigkeiten, sich selbst zu verändern, auf die Probe gestellt werden?«

Sowohl für David Thewlis als auch für Leonardo DiCaprio war der Film ein gewagtes Unterfangen.

kommentiert DiCaprio. »Rimbaud wollte die Welt von einen Tag auf den anderen verändern. Er war jemand, der mutig war, der sich über die Konsequenzen seiner Handlungen keine Gedanken gemacht hat. Ich lebe mein Leben, indem ich dauernd über die Konsequenzen nachdenke. Bei den Arbeiten zu diesem Film habe ich gelernt, mir keine Sorgen darüber zu machen, was die anderen über das denken, was ich tue. Das war nicht leicht, aber es hat mich verändert.«

David Thewlis, der mit seiner Darstellung einer anderen Seele voller Schwierigkeiten – dem Johnny in Mike Leighs »Nackt« – berühmt wurde, empfindet Verlaine nicht als mitfühlenden, verständnisvollen Menschen. »Er war brutal und besitzergreifend,« sagt er, aber auch: »Ich habe über kurz oder lang gelernt, daß ich die Figuren, die ich spiele, nicht unbedingt mögen muß. Trotzdem habe ich Mitleid mit Verlaine. Er ist ein schwacher Mann mit einer Neigung zu Gewalt und Alkohol. Tragik liegt in dem deutlichen Unterschied des Lebens, das er führt, zu dem, das er gerne führen würde.«

1995: Gastauftritt: »101 Nacht – Die Träume des M. Cinema«

Der ebenfalls »gastspielende« Robert De Niro war wohl die Person, die Leonardo als weiteren Gaststar in einem französischen Film von Agnes Varda ins Gespräch brachte; sie kannten sich ja aus »This Boy's Life.« Auch später erinnerte sich De Niro an Leonardo – als er »Marvins Töchter« drehte, kam er nochmals auf den aufstrebenden Star zu und bot ihm eine Rolle an.

Ansonsten war die gesamte Elite des französischen und US-Films vertreten: Von Anouk Aimee über Jean-Paul Belmondo, Alain Delon, Catherine Deneuve bis hin zu Gerard Depardieu aus Frankreich und Robert De Niro, Harrison Ford, Daryl Hannah, Martin Sheen und Harry Dean Stanton aus den USA, selbst Gina Lollobridiga aus Italien und Hanna Schygulla wirkten mit.

Es war ein riesiger Aufmarsch von Weltstars zu Ehren des Films! Und Leonardo war mitten unter ihnen!

1995: Der »verlorene« Film: »Don's Plum«

Die Geschichte vom »verlorenen Film« geistert inzwischen durch Leonardos Fangemeinde. Öffentlich äußert er sich so gut wie gar nicht zu einem Projekt mit Namen »Don's Plum«, was natürlich die Gerüchteküche noch mehr anheizt. Nach intensiven Recherchen können wir zum erstenmal in diesem Buch das Geheimnis von »Don's Plum« lösen – das Geheimnis des »verlorenen Films«.

Mit zwei weiteren Filmverträgen in der Tasche, nämlich für »Marvins Töchter« und »Romeo & Julia«, wollte der jetzt erfolgreiche und bekannte Leonardo DiCaprio ein paar Freunden einen Gefallen tun und ihnen durch sein Mitwirken in einem Film den Einstieg in das Hollywood-Geschäft ermöglichen. Doch dann kam alles ganz anders ...

Leonardo und Tobey Maguire haben sich wegen des kleinen Schwarzweiß-Films namens »Don's Plum«, für den die Dreharbeiten 1995 begannen, eine Menge Ärger eingehandelt, mit dem sie sich immer noch rumschlagen müssen.

Ein Agent, der das ganze Theater aus nächster Nähe verfolgt hat, bemerkte kürzlich:

»Dabei gab es eine Menge böses Blut.«

Ursprünglich, wie gesagt, spielten DiCaprio und Maguire aus Gefälligkeit für einen alten Freund, Regiedebütant R. D. Robb, in dem Film mit, ohne Gage zu verlangen. Jüngst hat aber Maguire behauptet, daß er Robb »haßt«, und DiCaprio hat ärgerlich davon gesprochen, daß der Regisseur sein Vertrauen »mißbraucht« habe. Es heißt sogar, daß die beiden Darsteller ihren Einfluß in Hollywood nutzen, um eine öffentliche Aufführung zu verhindern.

Aber was ist die Wahrheit? Wenn man die Insider in Hollywood so hört, von allem ein wenig: Augenscheinlich ein bißchen Mißtrauen, eine mangelnde Kommunikation und eine unterschiedliche Auffassung von dem Begriff Freundschaft.

DiCaprio und Maguire haben den teilweise improvisierten Film »Don's Plum« angeblich nur als Kurzfilm angesehen, der nur einen Eindruck eines späteren Spielfilms bieten sollte. Robb und seine Partner-Produzenten strebten aber von Anfang an einen »richtigen« Spielfilm an.

Executive-Produzent Jerry Meadors, Produzent Dave Stuttman, Ko-Regisseur John Schindler und verschiedene andere Mitwirkende, die um Anonymität gebeten haben, sagen alle, daß DiCaprio und Maguire sich der Tatsache völlig bewußt waren, daß aus dem Kurzfilm »Don's Plum« ein kommerzieller Spielfilm in voller Länge entstehen sollte. Als Beweis verweisen sie auf die Tatsache, daß Maguire sogar half, den Film zu verlängern: Er wirkte in zusätzlichen

Szenen mit, die im März 1996 gedreht wurden, also eine ganze Zeit nach den ursprünglich gedrehten Szenen Ende Juli 1995.

Leonardo soll dazu gesagt haben: »Wenn du Stoff für einen Film von sechzig Minuten hast, er aber auf achtzig Minuten gezogen wird, ist das Mist. Belasse es bei sechzig Minuten. Andererseits. Nur wenn der Stoff auch für achtzig Minuten reicht, ist es in Ordnung.«

Was später vor allem Anlaß für harte Auseinandersetzungen gegeben hat, war – nach den Worten von Stuttman – die Tatsache, daß »jede Version in Spielfilmlänge von »Don's Plum« von DiCaprio genehmigt werden mußte«. Er sagt, daß Leonardo diese Einwilligung gegeben hat, wenn auch nicht aus voller Überzeugung.

»Hat DiCaprio zugestimmt, daß es ein voller Spielfilm wird?«

»Yeah!«

»Hat er das auch gemeint, als er es gesagt hat?«

»Nun, ich denke, er hat nicht geglaubt, daß wir das schaffen würden.«

Ein Freund von DiCaprio erinnert sich an ein Gespräch, in dem Leo ihm sagte: »Wenn sie ihre Zeit verschwenden wollen und diese Extraszenen mit Maguire für einen Langfilm drehen wollen, prima, aber es wird trotzdem kein richtiger Spielfilm daraus.«

Was dann passiert ist, wie Leonardos Reaktion auf die Testvorführung von »Don's Plum« im MGM/UA-Hauptquartier in Santa Monica – das war am 21. Juni 1996 – tatsächlich ausgesehen hat, darüber streiten sich die Gemüter.

Was auch immer die Erklärung ist, das gute Gefühl, daß DiCaprio zu Beginn der Dreharbeiten noch gehabt hatte,

hatte sich irgendwann verflüchtigt. Er wollte nicht, daß der Film in die Kinos kam.

Das Interesse von potentiellen Verleihfirmen am Film kühlte schnell ab, kurz nachdem der Standpunkt von DiCaprio bekannt wurde. Und das war, bis jetzt jedenfalls, das Ende der Geschichte des Films »Don's Plum«.

Meadors, Stuttman und Schindler wollen immer noch die Wunden verbinden, die im Streit zwischen DiCaprio und Robb entstanden sind. Sie haben vor, die Postproduktion des Films fertigzustellen, ihn an die Kinos ausleihen und die sechsstelligen Schulden der Produktion bezahlen. »Wir haben ein Jahr gewartet und gehofft, jeder würde seine Probleme lösen und daß die Jungs ihre Freundschaft reparieren würden«, sagte Meadors. »Jetzt unternehmen wir die nächsten Schritte, damit wir den Film hier herausbringen können. Aber wir würden das gerne mit Leonardos Segen tun.«

Jetzt bleibt nur noch eine Frage: Wird »Don's Plum« jemals das Licht einer Projektorlampe sehen? Die beste Antwort ist zur Zeit : »Vielleicht, vielleicht nicht.«

1996: An der Seite großer Stars: »Marvins Töchter«

Gleich nach den Dreharbeiten zu »Don's Plum« flog Leonardo nach New York, um seinen nächsten Film wieder mit ganz großen Hollywoodstars zu drehen. Und wieder war es Robert De Niro, der ihn einlud, mit den Superstars zu filmen.

In der Besetzungsliste steht Leonardo diesmal hinter Meryl Streep bereits an zweiter Stelle, noch vor den Oscar-Gewinnern Diane Keaton und Robert De Niro.

»Marvins Töchter« wurde weder in den USA noch in Deutschland ein großer Kassenschlager; obwohl es ein sehr bewegender Film ist. »Marvins Töchter« ist ein Familiendrama, das sich hauptsächlich auf das Charakterspiel zweier Schwestern konzentriert – Lee (Streep) und Bessy (Keaton) und zwischen ihnen Lees renitenter Teenager-Sohn Hank (DiCaprio). Die Schwestern sind aufs ärgste verfeindet. Tatsächlich müssen sie aber einfach nur dahinter kommen, wie ähnlich sie sich sind, um ihren zwanzig Jahre alten Streit beenden zu können und anzufangen, sich gegenseitig zu respektieren.

Der Film zeigt die beiden Charaktere und ihre ganz persönlichen Geschichten. Auf dem Weg der Schwestern, ihren Frieden zu finden, erweist Hank sich als Schlüssel. Sein absurdes Verhalten reflektiert die Ungereimtheiten im Leben der Schwestern und hält ihnen ihr eigenes Spiegelbild vor Augen.

Wieder hat Leonardo die Rolle eines Außenseiters, die eines Sonderlings, doch am Ende ist er der einzige Normale. Ein bißchen versponnen sein, in seiner eigenen Welt leben, unangenehme Fragen stellen und sich nicht mit den Banalitäten und Irrationalitäten abfinden, die die Gesellschaft ihm als einzige Antwort bietet – das ist Hank.

Eine typische Rolle für Leonardo, der ein Herz für Rebellen hat – wohl weil er selbst einer ist.

Wer zuviel denkt und zu viele Fragen stellt, wird in dieser Gesellschaft ausgeschlossen, denn in ihm fürchtet die Gesellschaft die Wahrheit und ihr eigenes Elend zu erblicken. Arnie Grape, Jim Carroll, Rimbaud, Hank – alle diese Figuren haben eine Eigenständigkeit, mit der die Gesellschaft

Probleme hat, aber am Ende erweisen sie sich als überlegen, und die Gesellschaft der »Normalen« disqualifiziert sich.

Das ist auch Leonardos »Message«: Es ist das Recht des Menschen, die vorgegebenen Werte und gesellschaftlichen Normen in Frage zu stellen. Wenn Leonardo seinen Fans dies vermitteln kann und ihnen damit die Kraft gibt, ihre eigene Individualität gegen alle Widerstände ihrer Umwelt bewußt auszuleben, dann hat er als Künstler viel mehr Positives bewirkt, als sämtliche Moralprediger.

Seit der aufsehenerregenden Theaterpremiere im New York des Jahres 1991, stieß Scott McPhersons Drama »Marvins Töchter« bei jeder neuen Aufführung auf einhellige Begeisterung. Immer wieder hervorgehoben wird vor allem die einfühlsame Thematisierung der großen Kraft der Liebe sowie der Werte, die eine Familie zu einer untrennbaren Einheit macht. Frank Rich, der renommierte Kritiker der »New York Times«, schrieb einmal über McPhersons Werk: »'Marvins Töchter' ist zweifellos eines der witzigsten und zugleich eines der bewegendsten Theaterstücke der Saison.«

Das Theaterstück beruht größtenteils auf persönlichen Erfahrungen des Autors Scott McPherson. Dennoch ist es keine dramatisierte Autobiographie auch wenn es ein paar augenfällige Übereinstimmungen von Leben und Werk gibt. So wuchs McPherson in Ohio auf und hatte in Florida nahe Verwandte. Sein Großvater Marvin litt am Parkinsonschen Syndrom und auch seine Tante Ruth benötigte eine intensive Pflege. Umsorgt wurden beide von einer anderen Tante, die – ebenfalls genau wie im Film – Bessie hieß.

Der Dramaturg scherzt: »Ich habe mir nicht einmal die Mühe gemacht, andere Namen für meine Figuren zu erfinden.«

Leonardo DiCaprio kannte das Drama schon seit mehreren Jahren. DeNiro hatte ihm das Stück bei ihrem gemeinsamen Film »This Boy's Life!« (1992) zu lesen gegeben.

> »Ich sagte Robert De Niro, er solle mich sofort anrufen, wenn er den Stoff verfilmen würde.

So etwas hatte ich vorher noch nie gelesen. Vor allem diese kraftvolle Sprache faszinierte mich sehr.«

»Nachdem Meryl, Diane und Leonardo zugesagt hatten«, erzählt Rosenthal, »entschied Bob sich, die Rolle des Dr. Wally zu übernehmen.«

Die Mitglieder dieses hochkarätigen Quartetts wurden insgesamt neunzehnmal für den Oscar nominiert und bekamen ihn fünfmal zugesprochen.

Leonardo DiCaprio spielt Lees älteren Sohn Hank, einen rebellischen Teenager, der imstande ist, die halbe Nachbarschaft abzubrennen, wenn gerade niemand hinsieht. »Das Merkwürdige an ihm ist, daß er nie etwas zu Ende bringt«, sagt DiCaprio. »Auch als er versucht, sich Bessie anzuvertrauen, hört er auf halber Strecke auf und muß danach wieder von Neuem beginnen.«

Keaton sagt dazu: »Ich glaube, Bessie sieht in Hank so etwas wie den Anfang des Lebens, all die Möglichkeiten, die ihm offenstehen und das enorme Potential, das in ihm steckt. Er hat alles noch vor sich, während sie sich langsam von allem entfernt. Ich glaube, daß Bessie sich auf eine Weise sogar in Hank verliebt – was eigentlich sowieso zu erwarten ist, wenn man bedenkt, daß Hank von Leonardo DiCaprio gespielt wird.«

Regisseur Zaks sah das Drama zum erstenmal in Los Angeles und war davon so begeistert, daß er auch am späteren Drehort New York eine Aufführung von »Marvins Töchter« besuchte. Damals hatte er jedoch noch keine Ahnung davon, daß er das Stück eines Tages verfilmen würde.

Die meisten Innenaufnahmen wurden in den historischen Hallen der Kaufman-Astoria-Studios in Queens, New York, gedreht. Originalschauplätze waren eine psychiatrische Klinik in New Jersey, eine Polizeistation in Newark, eine Kirche in Brooklyn, verschiedene Orte in Orlando, Florida, zu denen unter andrem auch – eine Premiere für ein Spielfilmteam – das Gelände des Walt-Disney-World-Vergnügungsparks gehörten.

1996: Hinreißend: Romeo & Julia

Mit »Marvins Töchter« war ein »kleiner« Film abgedreht worden – jetzt war wieder ein »großer« Film an der Reihe. Leonardo war der Star, er mußte Romeo & Julia tragen und mit diesem Film erfolgreich sein – oder abstürzen. Wie wir heute wissen, war er erfolgreich! Sogar weltweit überaus erfolgreich!

Der bis dahin geringe kommerzielle Erfolg von Filmen, in denen Leonardo an der Spitze der Besetzungslisten stand, war denn für viele Kritiker auch der einzige Maßstab, anhand dessen sie die Besetzung der »Romeo-&-Julia«-Verfilmung im Vorfeld beurteilten. Baz Luhrmann hatte es nicht leicht gehabt, Leonardo für dieses Projekt zu begeistern. Man mußte schon eine ganz außergewöhnliche Inszenierung präsentieren, um sich mit so einer schon reichlich abgedroschenen Geschichte wie »Romeo & Julia » nicht lächerlich zu machen.

Leonardo brachte viele von seinen ganz persönlichen Vorstellungen in Luhrmanns Skript ein und übte entscheidenden Einfluß auf die Gestaltung des Films aus.

Baz Luhrmann erntete nach der Premiere seines Regiedebüts »Strictly Ballroom – Die gegen alle Regeln tanzen« weltweites Lob. Danach fand sich der junge Regisseur in einer beneidenswerten Position wieder, denn plötzlich führte ihn Hollywood auf der Liste der A-Regisseure. Daß sich Luhrmann – von den großen Studios mit Drehbüchern regelrecht überhäuft – für sein nächstes Projekt ein Shakespeare-Drama aussuchte, kam nicht von ungefähr: Seine größten Erfolge feierte er bis dahin am Theater und an der Oper.

»Schon seit langem wollte ich Romeo & Julia inszenieren«, sagte Baz Luhrmann. »Das dem Stück zugrunde liegende Thema – die Tragik, die in einer Welt voller Haß aus einer verbotenen Liebe entsteht –, gehört zu jenen Mythen, die uns alle tief im Innersten berühren. Romeo & Julia bot zu seiner Zeit, wie alle Shakespeare-Stücke, für jeden etwas, vom Straßenkehrer bis hin zur englischen Königin. Shakespeare war ein wilder, verführerischer, unbarmherziger, unterhaltsamer Erzähler. Was wir versucht haben, war diesen Film so wild, verführerisch, unbarmherzig und unterhaltsam zu drehen, wie Shakespeare es getan hätte, wenn er Filmemacher gewesen wäre.«

Für die Rollen des tragischen Liebespaars engagierte Baz Luhrmann mit Leonardo DiCaprio und Claire Danes zwei der talentiertesten und vielversprechendsten US-Jungstars. Für DiCaprio entschied sich Luhrmann, nachdem er ein Foto von ihm in einer Zeitschrift gesehen hatte. »Er wurde bei irgendeinem gesellschaftlichen Ereignis fotografiert, und die Bildunterschrift lautete: ... natürlich war auch **dieser** Schauspieler da. Ich wußte nicht, daß Leonardo gerade für seine Leistung in »Gilbert Grape – Irgendwo in Iowa« eine Oscar-Nominierung erhalten hatte. Ich fragte mich, was wohl mit **dieser** Schauspieler gemeint war, und nahm an, daß er entweder schrecklich talentiert sein mußte oder etwas ganz Fürchterliches angestellt hatte. Als ich ihn kennenlernte, merkte ich schnell, daß er zu beidem fähig ist«, sagt Luhrmann schmunzelnd. »Ich halte Leonardo für einen großartigen jungen Schauspieler und war gleich überzeugt, daß er auch als Romeo phänomenal sein würde. Ich finde es wichtig, jede neue Generation mit zeitlosen Theaterhelden wie Romeo & Julia vertraut zu machen. Leonardo eignet sich für diese Aufgabe besonders gut, denn in meinen Augen symbolisiert er seine Generation. Für mich war er schlicht und ergreifend der perfekte Romeo.«

Luhrmann lud DiCaprio in sein Heimatland Australien ein, an verschiedenen Workshops und Lesungen des Skripts teilzunehmen. Luhrmann hielt diese Veranstaltungen vorangig aus zwei Gründen ab: um in der Arbeit mit anderen sein Drehbuch zu verbessern und nebenher Schauspieler testen zu können. »Ich sagte zu Leonardo: Niemand zwingt dich, auf der Stelle zuzusagen. Erteile mir aber auch nicht gleich eine Absage.«

DiCaprio beherzigte die Worte des Regisseur und begann sich mehr und mehr für das Projekt zu erwärmen.

Später kehrte DiCaprio noch einmal nach Australien zurück, damit Luhrmann und Kameramann Donald M. Mc Alpine eine Videoaufzeichnung von einem der zahlreichen Filmworkshops machen konnten. Diese Aufnahmen waren es letztendlich, die das Studio dazu bewogen, grünes Licht zu geben. Außerdem bestärkte DiCaprios Darstellung Luhrmann endgültig darin, daß er tatsächlich seinen Romeo gefunden hatte. »Anfangs war ich mir nicht ganz sicher, ob er der Sprache gewachsen sein würde«, erinnert sich Luhrmann. »Nach der ersten Lesung sind wir den Text noch einmal Satz für Satz und sehr gründlich durchgegangen. Dabei zeigte sich, daß Leonardo mit Shakespeares Worten umging, als wäre es für ihn die natürlichste Sprache der Welt. Sie aus Leonardos Mund zu hören, ist phantastisch, denn bei ihm bekommen die Worte Gewicht. Es klingt so, als wären es seine eigenen, und das ist eine Sache, die ich häufig bei Shakespeare-Schauspielern vermisse.«

Obwohl sich DiCaprio schnell mit Shakespeares Sprache anfreundete und sie zu seiner eigenen machte, gibt er zu, daß das nicht einfach war.

»Am Anfang dachte ich, ich müßte mir einen britischen Akzent zulegen, um diese abgehobene Shakespeare-Sprache auszuprobieren«,

sagt der Schauspieler. »Aber Baz erklärte mir, daß er einzig und allein Wert auf Klarheit und Verständlichkeit legt, und nachdem wir eine Weile zusammengearbeitet hatten, fühlte ich mich mit der Sprache immer wohler. Jedes Wort hat seine eigene Schönheit. Und als ich begann, die Sätze auf ihren Sinn hin abzuklopfen, entdeckte ich Bezüge zu Dingen, die viel weiter vorn im Drehbuch standen, oder Wörter mit doppelter und dreifacher Bedeutung. Um ihnen gerecht zu werden, mußte ich wissen, wovon ich rede, und zugleich mußte es so klingen, als führte ich eine spontane Unterhaltung. Diese Erfahrung war neu für mich und eine echte Herausforderung, sie hat aber auch sehr viel Spaß gemacht.«

Die Besetzung von Luhrmanns Julia erwies sich als vergleichsweise schwierige Aufgabe. Bevor er Claire Danes entdeckte, begab sich der Regisseur auf »eine gewaltige, weltweite Suche. Da ich kein Amerikaner bin, war mir Claires TV-Serie »Willkommen im Leben« kein Begriff. Doch als ich Claire dann kennenlernte, war ich gleich von ihr beeindruckt. Julia wird von Shakespeare als kluge, aktive Person beschrieben: **Sie** plant ihre Hochzeit, **sie** beschließt, den Schlaftrunk zu nehmen, **sie** treibt das Stück voran. Das Außergewöhnliche an Claire ist die Tatsache, daß sie bei den Dreharbeiten erst sechzehn war und trotzdem so reif und ausgeglichen wirkte wie eine Dreißigjährige.«

Für Claire Danes steht fest: »Je mehr ich Shakespeare lese, desto mehr liebe ich ihn. Seine Worte sind so unglaublich schön und wahrhaftig, und er versteht die menschliche Natur wie kein zweiter.« Die Chance, Julia zu spielen, bezeichnet Claire als besonderes Glück. »Julia ist eine bemerkenswerte Figur, denn obwohl sie äußerst erwachsen und entschlußfreudig wirkt, ist sie ein nachdenklicher, kluger und leidenschaftlicher Mensch. Auf mich wirkt sie unglaublich modern. Sie trifft ihre eigenen Entscheidungen und nimmt ihr eigenes Schicksal in die Hand. Zu Shakespeares Zeiten war das eine unerhörte Sache!«

Das breitgefächerte Gefühlsspektrum, das Julia durchläuft, war für Claire Danes ein zusätzlicher Anreiz, erwies sich aber auch als äußerst anstrengend. »Die größte Herausforderung bestand darin, Julias extreme Gefühle glaubwürdig wiederzugeben. Was ihr zustößt, ist alles sehr real, zugleich aber auch überhöht dargestellt und dadurch sehr dramatisch in der Wirkung. Der Trick bestand darin, mich nie zu verstecken, sondern immer alles zu spielen, als ginge es um mich. Das fiel mir nicht immer leicht, aber es war großartig, Julia spielen zu dürfen.«

»Romeo & Julia« ist Danes erster Kontakt mit Shakespeare. Obwohl die Sprache sie zunächst ein wenig einschüchterte, empfand sie sie bald als großartige Hilfe. »Seine Worte können so hilfreich sein, weil sie äußerst bildhaft sind und die Gefühle, die man spielen soll, genau auf den Punkt bringen«, sagt Danes. »Seine Sprache ist so kraftvoll, daß sie uns Schauspielern die Aufgabe erleichtert. Auch wenn man intensive Gefühle wiedergeben muß, kann man sich ganz auf die Worte verlassen und dementsprechend entspannen. Bei Shakespeare fehlt es an nichts. Was inzwischen dazu geführt hat, daß ich unendlich enttäuscht bin, wenn ich andere Drehbücher lese. Niemand reicht an Shakespeare heran.«

Für Claire Danes und Leonardo DiCaprio bedeutete die gemeinsame Arbeit, daß sie sich gegenseitig helfen konnten, ihren Platz im Shakespeare Text zu finden. »Leonardo ist absolut brillant«, sagt Danes. »Es war aufregend, mit ihm zu arbeiten. Er ist ein offener, ehrlicher und wahrhaftiger Schauspieler. Dazu kommt noch, daß er ungeheuer komisch sein kann. Manchmal mußte ich mir vor Lachen den Bauch halten. Beim Drehen ist das enorm wichtig, besonders vor einer schwierigen Szene.«

»Es hat wirklich sehr viel Spaß gemacht, mit Leonardo zu arbeiten.«

DiCaprio kannte Claire Danes Serie »Willkommen im Leben«. »In der Serie ist sie ein großartiges Talent, das fand ich gleich, obwohl ich nur eine Folge gesehen hatte«, erinnert sich DiCaprio. »Mir war klar, daß sie die Leinwand beherrschen würde. Als wir mit den Mädchen Probeaufnahmen machten, die für die Rolle der Julia zur Debatte standen, war sie die einzige, die sich vor mich hinstellte und mir ihren Text direkt ins Gesicht sagte. Das war einerseits ein bißchen erschreckend. Doch andererseits beeindruckte es mich sehr, weil die meisten anderen beim Reden bloß an die Decke schauten. Da stand Claire direkt vor mir und sprach ihre Sätze mit unheimlicher Wucht.«

Vor Drehbeginn probten DiCaprio und Danes intensiv mit Baz Luhrmann. Das half ihnen, die Facetten ihrer Figuren zu ergründen, ihre Charaktere zu definieren und sich mit ihrer Sprache vertraut zu machen. »Eines unserer gemeinsamen Ziele war absolute Klarheit«, sagt Danes. »Während der Proben machten wir zu dritt eine Übung, bei der es darum ging, alles wortwörtlich zu nehmen. Jedes Wort, das wir sagten, mußten wir auch mit den Händen ausdrücken. Es war irgendwie kitschig, und wir kamen uns auch ein bißchen lächerlich vor. Doch dabei wurde uns klar, daß man, was die Sprache angeht, nie exakt genug sein kann.«

Um Shakespeares Sprache zu entmystifizieren und besser zur Geltung zu bringen, läßt Luhrmann seinen Film in einer »Kunstwelt« spielen, einer Collage aus modernen und zeitlosen Bildern, die er aus der Religion, dem Theater, der Folklore, der Technik und der Popkultur entnahm. »Meine Kunstwelt setzt sich aus Ikonen des 20. Jahrhunderts zusammen«, sagt Luhrmann. »Diese Bilder sollen verdeutlichen, was im Text gesagt wird. Wenn man den Text erst einmal begriffen hat, kann man sich von der kraftvollen Schönheit der Sprache verzaubern lassen. Wir wollten Ikonen finden, mit denen jeder etwas anfangen kann und deren Bedeutung auf Anhieb klar ist. Unsere Hoffnung war, daß in der Verbindung dieser Bilder mit den Figuren und Schauplätzen des Stücks die Sprache aus ihrem düsteren Käfig befreit würde.«

Luhrmanns Idee, »Romeo & Julia« in einer Kunstwelt spielen zu lassen, stachelte Leonardo DiCaprios Neugierde in erster Linie an.

»Ich hätte bestimmt nicht mitgespielt, wenn die Geschichte in Form eines Kostümfilms erzählt worden wäre«,

sagt DiCaprio. »Zuerst habe ich mich gefragt, ob wir wirklich noch eine Version von Romeo & Julia brauchen. Das Stück ist schon so oft verfilmt worden, und außerdem hat der Zeffirelli-Film noch heute viele begeisterte Fans.

Aber Baz hat die Geschichte auf seine Art neu erfunden, wobei es ihm gelungen ist, mit ungewohnten Ansätzen an das Stück und die Figuren heranzugehen. Seine Kunstwelt hat mir als Schauspieler ungemein geholfen. Die von Baz betriebene Überhöhung machte das Ganze riskanter, aber letztlich auch interessanter und sorgte für eine Art Befreiung. Ich konnte in jeder Szene viele unterschiedliche Dinge ausprobieren und hatte dadurch eine Freiheit, die ich bei einer traditionellen Verfilmung, die bestimmten Regeln unterliegt, vermutlich nicht gehabt hätte.«

Die Entscheidung der Verantwortlichen, bei der Neuverfilmung des bekannten Stoffes neue Wege zu beschreiten, erwies sich als goldrichtig. »Romeo & Julia« wurde ein Glanzstück!

1997: Oscar-verdächtig gut: »Titanic«

Mit »Titanic« nahm Leonardo erstmals eine Rolle in einem richtig kommerziellen Film an, einem Film der nicht weniger als vierzehn Oscar-Nominierungen ernten konnte. Diesmal ging Leonardo leer aus, was er aber sicherlich verschmerzen kann. Seine phantastische, schauspielerische Leistung stellt das nicht in Frage, und »Titanic« ist nicht das letzte Projekt, in dem er mitwirkt – aber der erste Megafilm. »Ich möchte auch diese Erfahrung einmal gemacht haben«, so begründete er die Teilnahme an diesem mit 400 Millionen Mark bis jetzt teuersten Film aller Zeiten. Action Regisseur James Cameron ließ gigantische Teile des 1912 untergegangenen Riesenschiffs nachbauen, um die Katastrophe vor der Kamera zu inszenieren. Vor diesem Hintergrund spielt sich die zu Herzen gehende Liebesgeschichte zwischen zwei jungen Passagieren ab.

Der arme Jack (Leonardo) und die reiche Rose (Kate Winslet) begegnen sich auf dem Schiff, sehr zum Unwillen von Roses Familie. Die Handlung des Films ist nicht so komplex, wie die der meisten anderen von Leonardos Filmen. DiCaprio-Fans kommen bei diesem Film dennoch mehr als auf ihre Kosten. Leonardo ist in der Rolle des leidenschaftlichen Liebhabers einfach unschlagbar gut. Darüber hinaus bietet »Titanic« eine vielzahl beeindruckender Effekte und drei Stunden lang überwältigende und ergreifende Unterhaltung.

Jack Dawson und Rose DeWitt Bukater reisen zwar auf dem gleichen Schiff, hätten sich aber eigentlich nie begegnen dürfen, da er dritter und sie erster Klasse reist. Doch dann verlieben sie sich ineinander und nehmen das Risiko auf sich,

sich den bedrückenden, sozialen Konventionen ihrer Zeit zu widersetzen.

Cameron über die jungen Liebenden: »Die Emotionalität ihrer Beziehung verwandelt Rose. Anfangs ist sie eine fügsame Tochter, die in eine Vernunftehe einwilligt, um ihre verarmte Adelsfamilie zu retten, aber dabei innerlich zugrundegeht. Dann aber wird sie diese temperamentvolle, junge Frau am Anfang eines neues Lebens. Jack verfügt über jene natürliche Kraft und Reinheit, die diese Verwandlung möglich machen.«

Mit dieser klaren Vorstellung über Jack und Rose, machte sich Cameron auf die Suche nach den Schauspielern, die solche Figuren zum Leben erwecken könnten. Seine Wahl fiel auf Leonardo DiCaprio und Kate Winslet.

»Glück war ein wesentlicher Faktor bei der Besetzung Leos,« bemerkt Cameron. »Ich spürte einfach, daß man mit ihm viel stärker mitgehen würde als mit jedem anderen. Er entfaltet auf der Leinwand eine unglaubliche Vitalität.

Leonardo hat eine drahtige, kämpferische Qualität, die ich faszinierend finde.

Was Kate betrifft, sie hat ein Leuchten in ihrem Gesicht, ihrer Stimme, ihren Augen, das die Zuschauer in Bann hält. Das war entscheidend, denn der Film ist eine Höllenfahrt, und die junge Frau, die sie verkörpert, ist schließlich die Person, die wir auf dieser Fahrt begleiten.«

Jack kehrt nach einem mehrjährigen Aufenthalt in Europa nach Amerika zurück. Rose reist mit ihrer Mutter und ihrem Verlobten. Sie fährt nach Philadelphia zu ihrer bevorstehenden Hochzeit. Ihr zukünftiges Leben wird aus Polospielen,

Wilder Dichter:
»Total Eclipse« - 1995

An der Seite großer Stars:
»Marvins Töchter« - 1996

Frauenkränzchen und anderen »Errungenschaften« ihrer privilegierten Klasse bestehen. Durch die zufällige Begegnung von Rose und Jack verwischen sich die Klassengrenzen für einen entscheidenden Augenblick und zwischen den beiden Fremden entsteht eine starke Bindung.

Kate Winslet erklärt diese Anziehung so: »Jack ist die erste Person und gewiß der erste Mann, der sich für ihre Wünsche und Träume interessiert. Sie teilen so ziemlich dieselben Sehnsüchte, doch was er schon erreicht hat, strebt sie erst noch an. Sie ist ein sehr temperamentvolles Mädchen,« fährt Kate fort. »Sie ist sehr freigiebig, sie hat ein großes Herz. Sie möchte die Welt entdecken, aber sie weiß, daß das nicht passieren wird. Wenn wir ihr zum erstenmal begegnen, spürt man eine gewisse Resignation und Verzweiflung. Dann trifft sie auf Jack Dawson, und eine erstaunliche Liebe erblüht, die ganz auf Vertrauen und Verständnis beruht.«

Unmittelbar nach seinen vielgelobten Auftritten in »Romeo & Julia« und »Marvins Töchter« übernahm der für den Oscar nominierte Leonardo DiCaprio die Rolle des Jack Dawson. Er ist ein am Hungertuch nagender, junger Künstler, der durch ein Pokerspiel ein Dritter-Klasse-Ticket für die Titanic gewinnt. »Jack ist ein Wanderer,« erklärt Leonardo DiCaprio, »der jede Gelegenheit, die das Leben ihm bietet, beim Schopf packt. Bereits in jungen Jahren erkennt er, wie kurz das Leben wirklich ist, und das ist ein wichtiges Element seiner Persönlichkeit.«

Obwohl Rose von Jack verzaubert ist, findet sie nicht die Kraft, sich von ihrer Verlobung mit Cal Hockley (Billy Zane) und der damit verbundenen Stellung in der Gesellschaft zu lösen. Cal und seine wohlhabenden Freunde betrachten Jack zunächst mit einem gewissen Amüsement. Nach der ersten Begegnung von Jack und Rose, lädt Cal den armen Schlucker zum Abendessen in die Erste Klasse ein, um sich und seine Freunde auf Kosten des jungen Mannes zu belustigen. Aber in Wirklichkeit schafft er ein Podium für seine eigene Zurückweisung.

»Für mich als Cal Hockley existierte Jack Dawson überhaupt nicht, wenigstens nicht am Anfang«, stellt Zane fest. »Abgesehen von den Bediensteten bekamen die superreichen Passagiere von Hockleys Klasse niemanden von den unteren Schiffsdecks zu sehen. Als versnobter Tycoon Cal Hockley kann Zane seine schauspielerische Wandlungsfähigkeit demonstrieren und einen Kontrast zu DiCaprios sensiblem Helden schaffen. Zane: »Die Welt des Jahres 1912 stand an einem Abgrund. Sie war gekennzeichnet von extremen, sozialen Veränderungen. Jack verkörpert den Beginn einer neuen Epoche. Seine Geisteshaltung erinnert an die der amerikanischen Pioniere. Cal dagegen hat eher eine Befehlsmentalität, die sich als falsch erweist und scheitert.«

Für weitere Komplikationen sorgt Ruth (Frances Fisher), die Mutter von Rose. Sie hat Angst vor dem nahenden finanziellen Ruin der Familie, ein sorgsam gehütetes Geheimnis, und betrachtet Jacks Eintritt in das Leben ihrer Tochter als Bedrohung der einzigen Rettungsmöglichkeit, die die Verbindung zwischen Rose und Cal darstellen würde.

Als Rose und Jack sich mehr und mehr zueinander hingezogen fühlen, versuchen Cal und Ruth alles in ihrer Macht Stehende, um die beiden voneinander fernzuhalten. Gleichzeitig treiben die Titanic und ihre Passagiere unaufhaltsam ihrem tragischen Schicksal entgegen. Kate Winslet sagt dazu:

> »Ich glaube, daß der Zuschauer von einem bestimmten Punkt in der Geschichte an alles tun würde, um das Schiff vor seinem Untergang zu bewahren, nur damit die beiden zusammen bleiben können.«

Und Cameron fügt hinzu: »In jedem Augenblick, den wir die beiden begleiten, sagt uns eine kleine Stimme im Hinterkopf, daß sie zum Tode verurteilt sind. Dieses Wissen verleiht jedem Augenblick, den Jack und Rose miteinander verbringen, einen Hauch von Wehmut.«

Auf die Frage hin, wie er Fiktion und Wirklichkeit miteinander verknüpft habe, antwortet Cameron: »Wir wollten eine erfundene Geschichte unter historisch absolut exakten Rahmenbedingungen erzählen. Dinge, die sich tatsächlich ereignet haben, werden nicht verändert. Umgekehrt fügen wir der Realität nichts hinzu, was sich so nicht hätte ereignen können. Unsere erfundenen Figuren sind so mit den Pfeilern der Historie verwebt, daß es sie wirklich hätte geben können. Die historische Genauigkeit und die Spezialeffekte haben alle nur einen Zweck: Sie sollen den Zuschauer auf das Schiff, auf die Titanic bringen. Er soll wirklich dabei sein.«

James Cameron über »Titanic«

Nach den Dreharbeiten hat der total erschöpfte Regisseur James Cameron noch die Zeit gefunden, ein paar Sätze zu seinem Film, dem teuersten aller Zeiten, zu schreiben:

»10. April 1912. Zwei Jahrzehnte lang hat die Entwicklung der Technik ein Wunder nach dem anderen hervorgebracht, und die Menschen fingen an, diese Endlosspirale des Fortschritts als selbstverständlich zu betrachten. Gab es einen besseren Beweis der Beherrschung der Natur durch den als den Stapellauf der Titanic, des größten und luxuriösesten Fortbewegungsmittels, das der Mensch je geschaffen hatte?

Viereinhalb Tage später hatte sich die Welt verändert. Die Jungfernfahrt des »Schiffs der Träume« endete in einem unvorstellbaren Alptraum, und das Vertrauen der Menschheit in ihre eigene, unerschütterliche Kraft war für immer zerstört, einzig und allein durch menschliche Schwächen: Unwissenheit, Selbstgefälligkeit und Habsucht.

Mein Film will nicht allein den dramatischen Untergang dieses berüchtigten Schiffes zeigen, sondern auch sein kurzes, glorreiches Leben. Er beschreibt die Schönheit, die Überschwenglichkeit, den Optimismus und die Hoffnung, die mit der Titanic, ihren Passagieren und ihrer Mannschaft verbunden sind.

Und während er allmählich die dunkle Seite des Menschen sichtbar macht, die dieser Tragödie zugrunde liegt, feiert er gleichzeitig die unbegrenzten Möglichkeiten des menschlichen Geistes. Denn »Titanic« ist nicht nur ein Lehrstück – ein Mythos, eine Parabel, eine Metapher für menschliches Versagen, sondern auch eine Geschichte über Vertrauen, Mut, Opferbereitschaft und vor allem über die Liebe.«

Interview mit Leonardo DiCaprio

Frage: Sattelt der romantische Rebell jetzt auf Action-Star um?

Antwort: Ach was! Ich habe bei »Titanic« mitgemacht, weil's so eine schöne Love-Story ist.

Frage: Ein Großteil des Drehs fiel buchstäblich ins Wasser …

Antwort: Wir liefen wochenlang wie die Zombies rum: weiß geschminkt, mit Wachs im Haar, um wie fast erfroren zu wirken.

Frage: Sie sterben recht oft vor der Kamera. Macht das Spaß?

Antwort: Ich liebe Rollen, in denen man sein Leben für eine schöne Frau opfert.

Frage: Also ein echter Romantiker?

Antwort: Ich weiß zumindest, was für Mädchen romantisch ist.

Frage: Und das wäre?

Antwort: Ein Kompliment, Blumen, Dinner bei Kerzenlicht.

1998: Neuer Erfolg: »Der Mann in der eisernen Maske«

1998 wird DiCaprio mit Jeremy Irons, John Malkovich und Gerard Depardieu in dem in Frankreich abgedrehten Film »The Man In The Iron Mask« zu sehen sein.

Die Neuverfilmung des Stoffs von Alexandre Dumas ist für Leonardo in mehrerer Hinsicht eine doppelte Herausforderung. Zum einen ist DiCaprio hier in einer Doppelrolle zu sehen; er spielt den arroganten und grausamen König Louis XIV und dessen Doppelgänger Philippe.

Zwei derart unterschiedliche Charaktere innerhalb einer kurzen Zeitspanne zu verkörpern bedeutet eine enorme Belastung. Denn wenn man beiden Rollen gerecht werden will, muß man in der Lage sein, sich immer nur auf das zu konzentrieren, was man gerade tut. Aber:

Man wächst mit seinen Aufgaben.

Diesem Wahlspruch war Leonardo sein Leben lang schon treu, und so war es für ihn keine Frage, ob er die Rolle annahm oder nicht.

Reizvoll war für ihn auch die Aussicht, gleich mit drei Größen aus dem Filmgeschäft zusammenzuspielen, die jeder für sich die Qualität haben, ein Projekt allein durch ihr Mitwirken zum Erfolg zu tragen.

Jeremy Irons, John Malkovich und Gerard Depardieu spielen Musketiere, die geschworen haben, ihr Leben für den König zu geben – gleichgültig, was geschieht. Leonardo ist ihr König, ein junger Mann, der sich durch seine Grausamkeit viele Feinde geschaffen hat und dann einer Intrige zum Opfer fällt, in der Philippe, der dem König wie aus dem Gesicht geschnitten ist, eine entscheidende Rolle spielt.

Zuviel sei an dieser Stelle nicht verraten, nur soviel vielleicht: Der Mann in der eisernen Maske ist ein weiterer Beweis für die Wandlungsfähigkeit von Leonardo DiCaprio, ein Schauspieler der – betrachtet man sein Alter – noch ganz am Anfang seiner Karriere steht. Was er mit dreiundzwanzig bereits erreicht hat, ist einfach phantastisch. Daß in Zukunft noch viel mehr von ihm zu hören und sehen sein wird, ist keine Vermutung, sondern kann als gewiß gelten.

1998: Die Verträge sind gemacht ...

Für Leonardo DiCaprio wird das Jahr 1998 äußerst arbeitsreich. Zwei große Produktionen werden in der zweiten Jahreshälfte in die Kinos kommen. In »Slay The Dreamer« spielt er die Rolle des Jeffrey Jenkins. Außerdem wird er noch in den Adelsstand der Schauspieler erhoben – er darf in einem Woody-Allen-Film mitwirken!

5

Und was kommt noch?

Als Vierzehnjähriger fing DiCaprio mit der Schauspielerei an und hat schon jetzt, als Dreiundzwanzigjähriger, eine Karriere aufgebaut, die sich andere Kollegen als Lebenswerk wünschen könnten. Seit seinem sensationellen Auftritt in Lasse Hallströms »Gilbert Grape – Irgendwo in Iowa« galt Leonardo DiCaprio als einer der talentiertesten Newcomer Hollywoods. Und hat er auch nur eine der in ihn gesetzten Erwartungen enttäuscht?

Nein.

Und was macht ausgerechnet Leonardo DiCaprio zu etwas so Besonderem, Unwiderstehlichem? Nun, zum einen natürlich sein phantastisches Aussehen und dann seine Unbefangenheit und dieser unterschwellige Sex-Appeal, den er ausstrahlt: Er ist jung und doch wissend, rein und abgründig zugleich. Eine Mischung, die auch die ältere, erfahrenere Kollegin Sharon Stone fasziniert: »Er ist genial, absolut einzigartig.«

Fast einzigartig ist auch seine Einstellung zu dem, was er tut. Leonardo DiCaprio steht nicht auf Kommerz und schnellen Erfolg:

»Ich will schwierige Rollen und noch viel lernen.«

Inzwischen hat er sicherlich die Möglichkeit, seine Rollen sorgfältig auszuwählen. Mit der Hilfe seines Vaters, der ihm immer noch zur Seite steht, sieht er die vielen angebotenen Drehbücher sehr sorgfältig durch. Dabei schlägt er schon mal Rollenangebote für Mainstream-Filme aus, die andere Darsteller mit Kußhand genommen hätten. Leonardo lehnte beispielsweise die ihm angebotene finanziell sicherlich äußerst interessante Rolle des Robin in »Batman Forever« ab, weil sie für seinen Geschmack zu wenig Format, zu wenig Tiefe hatte.

»Ich möchte mir für jede Rolle Zeit nehmen, und nur so kann man eine lange Karriere planen, anstatt schnell in einer großen Explosion zu verbrennen. Deshalb habe ich auch eine Reihe von dramatischen Rollen sowie einige kleine Komödien abgelehnt,« sagte er in einem Interview.

Viele professionelle Kritiker, aber auch viele Kinogänger bewundern ihn vor allem, weil er einen »Jungen« mit der gleichen ungezwungenen Natürlichkeit zu verkörpern mag wie einen »Mann«. Obwohl er inzwischen dreiundzwanzig Jahre ist, erlaubt ihm sein jungenhaftes Aussehen, viele Rollen zu spielen, in denen er jünger wirkt; Rollen, die man vielen seiner viel berühmteren Kollegen nicht mehr abnimmt. Und diesen jugendlichen Charakteren vermag er dank seiner bisherigen Erfahrungen und seinem persönlichen Charme eine beeindruckende Tiefe zu verleihen.

Dazu meint Leonardo ganz selbstbewußt: »Das beste an der Schauspielerei ist, daß man ganz in einen anderen Charakter aufgehen kann und dafür auch noch bezahlt wird. Das ist ein großartiger Job. Was mich selbst betrifft, so bin ich mir manchmal gar nicht so sicher, wer ich eigentlich bin. Es scheint mir oft so, daß ich mich täglich verändere.«

Obwohl Leonardo DiCaprio inzwischen als einer der heißesten Filmstars in Hollywood gilt, benimmt er sich nicht so. Über ihn gibt es keine Skandale oder wüsten Abenteuer zu berichten. Während sich viele junge Stars um jeden Preis bemühen, auch im Privatleben wie Stars auf der großen Bühne zu agieren, und auf der anderen Seite so tun, als ob sie den Ruhm hassen, benimmt sich Leonardo ganz anders. Er ist der Typ von nebenan, mit dem man Pferde stehlen und jede Menge Spaß haben kann, der mit seinen Freunden Sport treibt und den netten Mädchen nachstellt.

Tatsächlich ist DiCaprio erst 1996 aus der mütterlichen Obhut in ein eigenes Haus entflohen, er hatte auch für mehrere Monate eine Freundin, die nicht aus dem Showgeschäft kam. Diese Beziehung ist allerdings längst wieder beendet.

»Ich bin bis jetzt noch nicht abgedreht,« erzählte er in einem Interview. »Ich denke, es hat damit zu tun, daß ich zwar verdammt viel in meinen Job investiere, aber trotzdem weiß, daß es auch noch anderes gibt.

Viele Kollegen glauben, daß Schauspielerei das Leben ist. Ich bin dagegen auch glücklich, wenn ich mal nicht arbeiten muß, sondern mit meinen Freunden herumhängen kann.«

Der dreiundzwanzigjährige Wunderknabe scheint keine Durchhänger zu haben – er beschwert sich nie über seine Kindheit, versucht keine Aufmerksamkeit zu schinden, indem er behauptet, seine Eltern hätten sich viel zu früh getrennt und das habe bei ihm ein Trauma hinterlassen. Und er beschwert sich auch nicht über den Ruhm, zu dem er es inzwischen gebracht hat. Er ist nicht nur überragend in dem, was er macht, sondern hat eine beeindruckende Portion Charakter. Dies kann man nicht von allen sagen, die im »showbiz« sind.

Leonardo DiCaprio hat keine Schauspielausbildung genossen und gilt als Naturtalent. Darauf angesprochen, zuckt er nur die Schultern und meint: »Ich kann mir Sachen, die ich gehört habe, eben leicht aneignen. Das passiert einfach, ich muß gar nicht viel dazutun. Andere haben es da oft schwerer, sie müssen alles erst erfühlen.«

Kollegen bezeichnen ihn als »beängstigend gut« (Sharon Stone) oder »verdammt genial« (Lorraine Bracco).

»Meine einzige Erklärung lautet, daß er wie ein Medium ist,« versucht »Total-Eclipse«-Regisseurin Agnieszka Holland zu analysieren. »Er öffnet seinen Körper und seine Gedanken, um die Botschaften zu erhalten, die andere ausstrahlen, und verinnerlicht sie sofort.«

Nun ist es natürlich nicht so, daß Leonardo überhaupt keine Schwächen hätte. Er hat sogar eine sehr große, nämlich die, anderen Streiche zu spielen, von denen diese nicht immer sehr begeistert sind. In Drehpausen sollten seine Kollegen ihn immer ganz genau im Auge behalten. Wenn er in dieser Zeit nicht eine Moonwalking-Vorstellung à la Michael Jackson gibt, ist Gefahr im Verzug.

Seine Streiche auf dem Set sind berühmt, teilweise auch berüchtigt! Nur ungern erzählt Kate Winslet von einer Kußszene in »Titanic.« Die Proben waren okay gewesen, die Kameras liefen, es kam zum Kuß – und Kate Winslet mußte sich zusammenreißen! Leonardo hatte kurz vorher schnell noch ein Wurstbrot und Knoblauch gegessen – und sich nicht die Zähne geputzt. Die Vegetariern Kate Winslet fand das gar nicht so lustig – Leonardo dagegen freute sich diebisch über den Streich und erzählt auch jedem bereitwillig davon.

Etwas, das Leonardo eigentlich nie laut erzählt, was aber inzwischen bekannt geworden ist: Er ist sehr großzügig und gibt relativ viel Geld für humanitäre Zwecke aus. Auch das zeigt, daß er nicht abgehoben hat, sondern trotz seiner großen Erfolge immer noch der »Junge von nebenan« geblieben ist.

Affären – keine Skandale!

Trotz DiCaprios Bereitwilligkeit, jederzeit über Filmküsse zu reden, ist er erheblich weniger entgegenkommend, wenn es um sein persönliches Leben geht.

In Interviews weicht er den Fragen aus, er lehnt es ab, Reportern »Homestories« zu ermöglichen, die ihn in seiner privaten Umgebung zeigen wollen. Er will auch nicht seine Freundinnen auf dem Präsentierteller der Medien vorgeführt sehen. Doch als erfolgreicher Star steht er immer wieder im Mittelpunkt des Scheinwerferlichts – und die Papparazzi erwischen ihn das eine oder andere Mal.

Während der Dreharbeiten zu »Jim Carroll« in New York, war der Jungstar trotz seiner Zurückhaltung regelmäßig in den Klatschkolumnen zu finden, Reporter verfolgten ihn auf Schritt und Tritt. Detailliert wurden dort seine Discothekenbesuche und (teilweise angeblichen) Streitereien mit anderen beschrieben.

Und gesehen wurde er mit vielen schönen jungen Mädchen aus der Szene … von Filmstar Juliette Lewis bis zum Ralph-Lauren-Teenmodel Bridget Hall, die zeitweilig seine Freundin war. Die New Yorker Klatschkolumnistin Liz Smith wußte immer alles ganz genau und schrieb einmal sogar: »Er schläft bestimmt selten, so intensiv ist sein Partyleben.«

Aber während DiCaprio einem Reporter zwar erzählte, daß es ihm nicht gefällt, »in einem Hotelzimmer eingesperrt« zu sein, und er lieber das Leben in der Stadt genießen will, betont er gleichzeitig, daß die Boulevardpresse seine nächtlichen Abenteuer schamlos übertrieben hätte.

Seine aktuelle Freundin Kristin Zang ist die Nachfolgerin von Teen-Model Bridget Hall. Aber festlegen will sich das Teenie-Idol in Zukunft deswegen noch lange nicht. Leonardo schaut sich »halt gern um« – und deswegen wird es wohl zur Freude seiner weiblichen Fans noch eine ganze Zeit dauern, bis er so richtig in festen Händen sein wird.

Auch etablierte Stars können sich seinem Charme kaum entziehen. Im Herbst 1997 trafen sich Leonardo DiCaprio und Demi Moore zufällig in einem Café. Sie redeten und lachten miteinander und fuhren dann zu Demis Strandhaus in Malibu. Wenn das nichts für eine brodelnde Gerüchteküche war! Die Paparazzi rieben sich die Hände und warteten lange … erst am nächsten Morgen verließ Leonardo (fast) klammheimlich ihre Wohnung. Was in der Zwischenzeit wirklich geschehen war, wird wohl außer den Beteiligten niemand je erfahren.

»Demi und ich sind Freunde«,

sagt Leonardo dazu. »Man sollte nicht alles glauben, was in Zeitschriften steht.«

DiCaprio nimmt seine Freundinnen, seine Affären ernst, und achtet die Menschen und deren Gefühle. Vielleicht werden deshalb aus seinen Affären keine Skandale – und das unterscheidet ihn von vielen anderen sogenannten Jungstars!

6

Leonardo DiCaprio im Internet

Leonardo DiCaprio hat eine ungewöhnlich hohe Zahl von
Fanseiten im Internet. Er selbst hat sich vor einiger Zeit mit
einem Eintrag in der Newsgroup »alt.culture« als aktiver
Nutzer des weltgrößten Mediums geoutet.

Seit Ende 1997 hat Leonardo auch eine ganz offizielle
Homepage im Internet. Eine Vielzahl von Fanpages ergänzen
die grafisch sehr aufwendig gestaltete Leonardo-Site.

Adresse der Homepage:
http://www.leonardodicaprio.com

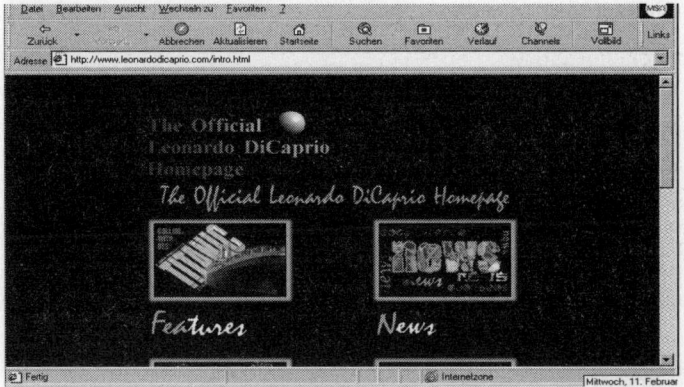

Bild 1:Oberer Teil der Leonardo-Homepage

Die Homepage von Leonardo DiCaprio gilt als eine der grafisch am besten gestalteten Internet-Seiten überhaupt. Die textliche Aufbereitung ist
für den schnellen Surfer, wie für den wißbegierigen Fan gerade richtig.

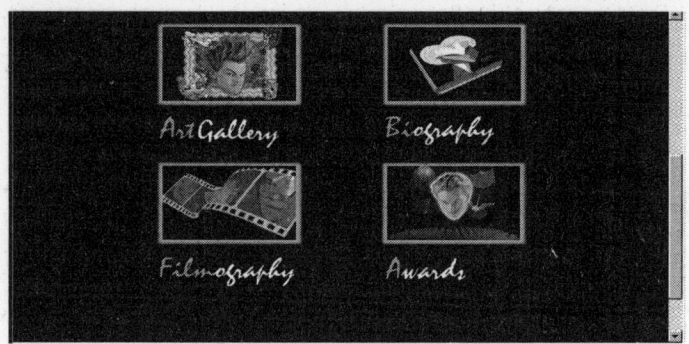

Bild 2: Unterer Teil der Leonardo-Homepage

Wer wissen möchte, welcher seiner Filme gerade aktuell in den US-Kinos läuft, klickt das Bild zu »Features« an, schon öffnet sich der Welterfolg Titanic.

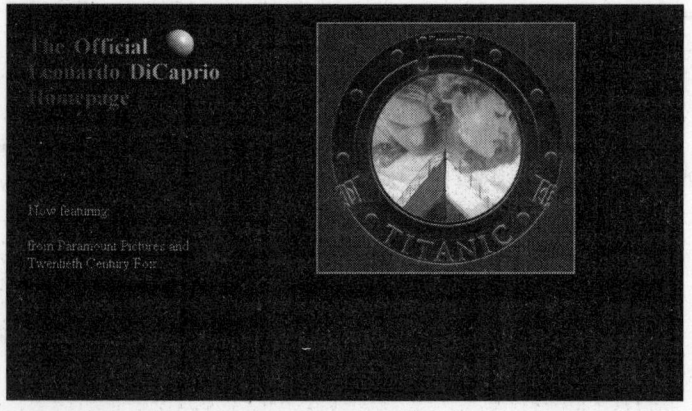

Bild 3: Titanic läuft gerade in den US-Kinos.

Aktuelle Informationen und Nachrichten über Leonardo findet man unter dem Bild »News«.

Bild 4: Die aktuellen News über Leo

Kunst hat für Leonardo schon immer eine große Bedeutung gehabt, denn dies »ist die einzige Möglichkeit, Extreme zu erleben«, sagt er dazu. Unter »Art Gallery« erhält man Zugang zu seinem Kunstgeschmack.

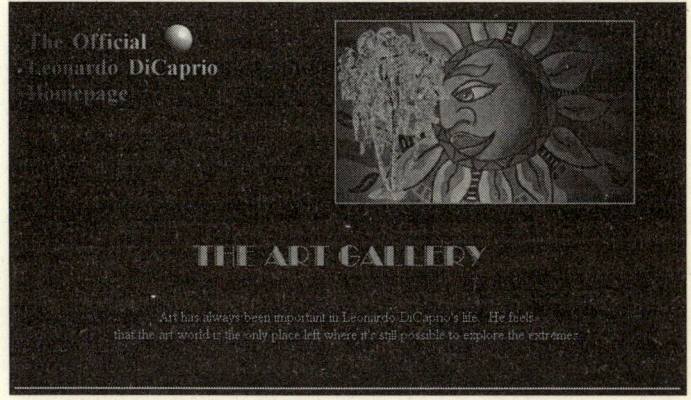

Bild 5: Einstieg in die Kunstgalerie

Auf Leos Bitte hin wurde eine Art virtuelle Kunsthalle geschaffen, in der Künstler regelmäßig Ausstellungen veranstalten können.

Bild 6: Eingang zur virtuellen »Kunsthalle«

Die Biographie von Leonardo DiCaprio umfaßt natürlich weniger Seiten als die von Humphrey Bogart. Die wichtigsten Fakten findet man in knapper Form unter dem Bild »Biography«.

Bild 7: Knappe biographische Angaben

Die künstlerische Gestaltung der »Filmography« ist wieder ein absolut positives Beispiel für die Gestaltung von Internet-Seiten.

Bild 8: Leos Filmographie

Zu jedem Film gibt es interessante Informationen. Es werden auch die kommenden Filmprojekte aufgeführt, beispielsweise der bisher streng geheim gehaltene Woody-Allen-Film »Celebrity«, der im Herbst 1998 in die US-Kinos kommen wird. Hier erfährt man, daß Leo in berühmter Gesellschaft sein wird, beispielsweise in der von der Kim Basinger (für ihre Rolle in L.A. Confidential für einen Oscar nominiert), und mit seiner Filmpartnerin aus »Titanic«, Kate Winslet (ebenfalls für einen Oscar nominiert), gibt es ein Wiedersehen bei »Celebrity«.

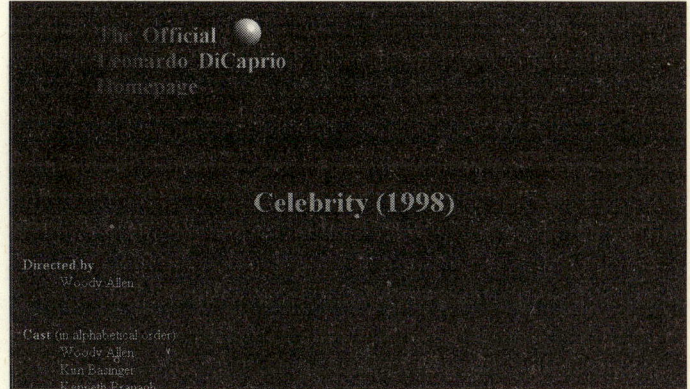

Bild 9: Erste Infos zu »Celebrity«

Eine gesonderte Rubrik für »Awards« darf natürlich nicht fehlen. Die Liste der Ehrungen und Auszeichnungen ist für einen so jungen Star schon recht beachtlich, wird aber in den nächsten Jahren bestimmt noch stetig ansteigen.

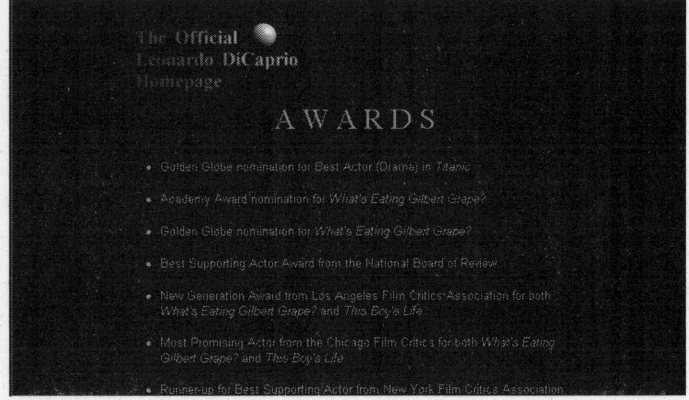

Bild 10: Ehrungen und Auszeichnungen

7

Filmographie

Die Fakten zu allen Spielfilmen von Leonardo DiCaprio!
Alle Filmdaten, der Inhalt, komplette Darsteller- und Stab-
Listen – und natürlich ausgewählte Filmkritiken!

Critters 3

Filmdaten

Deutscher Titel:	Critters 3 – Die Kuschelkiller kommen
Originaltitel:	Critters 3
Deutscher Kinostart:	ohne
Deutscher Videostart:	9. April 1992
Laufzeit Video/TV:	81 Minuten
FSK:	ab 16 Jahre
Video-Bestellnummer:	VPS Empire 3876

Inhalt

Zwei Familien, die mit ihren Campingbussen unterwegs sind, machen auf einem Parkplatz im Mittelwesten der USA Rast. Die Kinder entfernen sich beim Spielen in den Wald und treffen dort auf eine wilde, exotische Gestalt: Es ist Charlie McFadden, der ehemalige Sheriff von Grovers Band, eines Städtchens, das es nicht mehr gibt, seit es vor Jahren der Attacke von außerirdischen Wesen, den »Critters« zum Opfer gefallen war.

Charlie, der immer noch sein ganzes Leben der Jagd nach den Critters widmet, warnt die Kinder davor, daß es nach wie vor gefährlich sei, sich in der Gegend herumzutreiben. Dies erzählen die Kinder ihren Eltern, und alle sind sich einig, daß der arme Mann wohl geistesgestört sein muß.

Wieder zurück in ihrem Mietshaus, erinnern sie sich jedoch an die Worte des Mannes. Es geschehen rätselhafte Dinge, und dann geschieht der erste Mord. Plötzlich wird den Bewohnern des Hauses eines klar: Man hat, ohne es zu wissen, Critters eingeschleppt, die in der Folge nun ihr zerstörerisches Werk beginnen …

Darsteller & Stab

Darsteller: John Calvin (Clifford), Aimee Brooks (Annie), Christian Cousins (Johnny), Joseph Cousins (Johnny), William Dennis Hunt (Briggs), Nina Axelrod (Betty Briggs), **Leonardo DiCaprio** (Josh), Don Opper (Charlie McFadden), Geoffrey Blake (Frank), Jose Luis Valensuela (Mario), Diana Bellamy (Rosalie), Katherine Cortez (Marcia), Frances Bay (Mrs. Menges), Bill Zuckert (Mr. Menges), Terrence Mann (UG), Lin Shaye (Sal), David Ursin (Sheriff »Easter Bunny«), Frank Birney (Geistlicher), Billy Green Bush (Dad), Scott Grimes (Brad), Nadine van der Velde (April), Dee Wallace Stone (Mom), Billy Zane (Steve), Ethan Phillips (Kommissar)

Regie:	Kristine Peterson
Produzenten:	Barry Opper, Rupert Harvey für New Line Cinema
Drehbuch:	David J. Strow
Vorlage:	Story von Rupert Harvey und Barry Opper
Musik:	David C. Williams

Kamera:	Tom Callaway
Spezialeffekte:	Frank Ceglia
Ausstattung:	Jeff Wallace, Philip Dean Foreman
Schnitt:	Terry Stokes
Stunts:	Dan Bradley (Koordinator)

Filmkritiken

Lexikon des internationalen Films: Eher heitere Gruselgeschichte mit weniger blutrünstigen Effekten als die Vorgänger. Für Fans des Genres bietet der Film jedoch nichts Neues.

Fischer Film Almanach 1993: Die Gefahr ist nicht endgültig beseitigt – weitere Folgen drohen.

Filmdaten

Deutscher Titel:	Poison Ivy – Die tödliche Umarmung
Originaltitel:	Poison Ivy
Deutscher Kinostart:	24. Februar 1994
Deutscher Videostart:	20. September 1994
Laufzeit Kino:	93 Minuten
FSK:	ab 16 Jahre
Video-Bestellnummer:	VMP 7281

Inhalt

Die unscheinbare Sylvie hat auf der High School keine Freunde. Es erscheint ihr wie ein Wunder, als sich die schöne, aber eigenwillige Ivy für sie interessiert. Die beiden werden ein unzertrennliches Paar, und bald zieht Ivy in die prächtige Villa von Sylvies Eltern ein. Ivy ist von dem luxuriösen Leben beeindruckt und will es auf gar keinen Fall wieder aufgeben.

Mit Lügen und Intrigen erschleicht sie sich die Gunst von Sylvies Vater Daryl und verführt ihn mit ihren Reizen. Sie muß nur noch Sylvies schwerkranke Mutter aus dem Weg räumen, um ihren Platz neben Daryl einzunehmen. Das Ziel scheint greifbar nahe. Als Sylvie nach einem Autounfall schwerverletzt im Krankenhaus liegt, geht ihr ein Licht auf. Nur ihre vermeintliche Freundin Ivy kann hinter dem tödlichen Spiel stecken …

Darsteller & Stab

Darsteller: Sara Gilbert (Sylvie), Drew Barrymore (Ivy), Tom Skerritt (Darryl Cooper), Cheryl Ladd (Georgie Cooper), Alan Stock (Bob), Jeanne Sakata (Isabelle), E. J. Moore (Kind), J. B. Quon (Kind), **Leonardo DiCaprio** (Guy), Michael Goldner (Mann im Auto), Charley Hayward (Tiny)

Regie: Katt Shea Ruben

Produzenten:	Andy Ruben für MG Entertainment / New Line Cinema
Drehbuch:	Katt Shea Ruben, Andy Ruben
Vorlage:	Story von Melissa Goddard und Peter Morgan
Musik:	David Michael Frank
Kamera:	Phedon Papamichael
Spezialeffekte:	Thomas M. Ficke
Ausstattung:	Virginia Lee
Schnitt:	Gina Mittelman
Kostüme:	Ellen Tracy Gross
Make Up:	Debbie Zoller
Stunts:	William R. Perry (Koordination)

Filmkritiken

Lexikon des internationalen Films: Schlampig aufgebauter Thriller, dessen Sex-Einlagen mit Erotik nichts gemein haben; nicht spannend, sondern vorhersehbar und langweilend.

Fischer Film Almanach 1995: Nach der Serie der Horrorthriller, in der Psychopathen eine kleine, heile Familie von innen her angreifen (…), ist hier nun ein Film, der das Thema variiert: Ivy verkörpert nicht das Böse, aber ihr Anspruch an die »Wahlfamilie« ist kompromißlos. Er trifft auf überlebte und brüchig gewordene Beziehungen, die ihm nicht gewachsen sind. Ein B-Picture, das vielleicht in anderen Händen mehr hergegeben hätte, das aber trotzdem Interesse weckt.

Multimedia: Minderes Melodram, voll von Klischees, ärgerlich in der Gestaltung, das weder Mitgefühl noch Spannung aufkommen läßt.

Filmdaten

Deutscher Titel:	This Boy's Life
Originaltitel:	This Boy's Life
Deutscher Kinostart:	11. November 1993
Deutscher Videostart:	8. April 1994
Laufzeit:	114 Minuten
FSK:	ab 12 Jahren
Video-Bestellnummer:	Warner Home Video 12650

Inhalt

Die 50er Jahre waren die Zeit des Optimismus in den USA –
die Kriege waren vorüber, die Wirtschaft entwickelte sich
schnell, die Männer waren aus den Schlachten nach Hause
gekommen und alle Regeln änderten sich. Für einige war es
eine Chance, alle die Pläne, die sie in den letzten Jahren gemacht hatten, endlich in die Realität umzusetzen. Für andere
war es Zeit, sich an die Straße zu stellen, eine Münze zu werfen und die Richtung einzuschlagen, die der Zufall wollte.

Caroline Wolff, geschieden, ein Kind, ist eine klassische
Optimistin. Doch erfolglos versucht sie sich und ihrem Sohn
Toby eine solide Existenz zu schaffen. Ein idealer Ehemann,
der perfekte Vater, das war es, wonach sie suchen. Doch es
klappt nie so, wie sich die Mutter das vorstellt.

Nach jeder neuen Affäre wechseln sie deshalb die Stadt. Als ihr Sohn sich zu einem Kleinkriminellen zu entwickeln droht, flüchtet sie sich in die Ehe mit Dwight Hanson. Aber er ist nicht das, was sie suchen! Dwight will aus Toby einen »richtigen« Mann machen. Der anfänglich charmante Dwight Hansen entpuppt sich als jähzorninger Tyrann.

Durch die Heirat seiner Mutter wird ein Junge mit einem Mann konfrontiert, der seine Minderwertigkeitsgefühle brutal an den Schwächeren abreagiert. Für Toby und seine Mutter Caroline wird deshalb der neue Mann im Haus zum Alptraum. Besonders Toby hat unter ihm zu leiden, schließlich sieht er nur noch einen Ausweg aus der Hölle …

Darsteller & Stab

Darsteller: Robert De Niro (Dwight Hansen), Ellen Barkin (Caroline Wolff), **Leonardo DiCaprio** (Toby Wolff), Jonah Blechman (Arthur Gayle), Eliza Doshku (Pearl), Chris Cooper (Roy), Carla Gugino (Norma), Zack Ansley (Skipper), Tracy Ellis, Kathy Kinney

Regie: Michael Caton-Jones

Produzenten: Art Linson für Warner Bros.
Drehbuch: Robert Getchell
Vorlage: Roman »This Boy's Life« von Tobias Wolff
Musik: Carter Burwell
Kamera: David Watkin
Spezialeffekte: Mike Vezina

Ausstattung:	Stephen J. Lineweaver
Schnitt:	Jim Clark
Kostüme:	Richard Hornung
Stunts:	Betty Thomas (Koordination)

Filmkritiken

Fischer Film Almanach 1994: »Kinderspiele« auf amerikanisch. Das heißt, mehr Mobilität, mehr Psychosen, mehr Härte. Nach der Biographie von Tobias Wolff zeichnet Michael Caton-Jones zunächst eine Symbiose von Mutter und Sohn, die nach jedem Lover die Stadt wechseln. Bis sie an einen geraten, der von Robert De Niro in einer Fast-Zusammenfassung seiner kaputten Scorsese-Helden gespielt wird. (...) Die Realistik wäre bei uns im Kino kaum zu erreichen. Insofern fällt diese amerikanische Produktion positiv aus dem Rahmen. Als hätte die Enge der dargestellten sozialen Verhältnisse den Horizont der Filmemacher erweitert.

Lexikon des internationalen Films: Eine beeindruckend und stimmig inszenierte, hervorragend gespielte Milieu- und Charakterstudie, die einen realistischen Blick auf eine Kleinstadt und ihre geistige Enge vermittelt.

Gilbert Grape

Filmdaten

Deutscher Titel:	Gilbert Grape – Irgendwo in Iowa
Originaltitel:	What's Eating Gilbert Grape?
Deutscher Kinostart:	28. April 1994
Deutscher Videostart:	17. November 1994
Laufzeit Kino:	117 Minuten
FSK:	ab 12 Jahren
Video-Bestellnummer:	Touchstone 1051

Inhalt

Der junge Gilbert Grape lebt gemeinsam mit 1.091 anderen Seelen in dem Kaff Endora, irgendwo in Iowa. »Endora – Hier zu leben ist wie tanzen ohne Musik« – nicht gerade schmeichelhafte Worte findet der verschlossene Twen Gilbert Grape für seine Heimat.

Zu seiner Familie gehören die 500 Pfund schwere »Momma«, die die Proportionen eines gestrandeten Wales hat und deren Lebendgewicht langsam das Grape'sche Heim zum Einsturz zu bringen droht, die älteste Schwester, die sarkastische Amy, die nur lächelt, wenn etwas schief geht, und die fünfzehnjährige, zickige Ellen, die mit »Ersatzvater« Gilbert alles andere als klar kommt. Außerdem ist da noch Arnie, Gilberts geistig behinderter Bruder, der bald achtzehn wird und mit seinen Kletterkünsten die Grapes immer wieder in Schwierigkeiten bringt.

Gilbert arbeitet in Lamson's Lebensmittel-Laden – obwohl fast jeder im hypermodernen »Food-Land« kauft. Zu den wenigen Stammkunden gehört Betty Carver, die frustrierte Ehefrau des örtlichen Versicherungsvertreters, mit der Gilbert eine heftige Affäre hat. Kurz: Gilberts Leben ist verrückt – und er scheint es nicht zu genießen.

Doch dann taucht eines Tages die geheimnisvolle Becky mit ihrer Großmutter in der Stadt auf. Für Gilbert wird einiges klar ...

Darsteller & Stab

Darsteller: Johnny Depp (Gilbert Grape), Juliette Lewis (Becky), **Leonardo DiCaprio** (Arnie Grape), Mary Steenburgen (Betty Carver), Darlene Cates (Momma), Laura Harrington (Amy Grape), Mary Kate Schellhardt (Ellen Grape), Kevin Tighe (Mr. Carver), John C. Reilly (Tucker Van Dyke), Crispin Glover (Bobby McBurney)

Regie: Lasse Hallström

Produzenten: Meir Teper, Bertil Ohlsson, David Matalon für J & M Entertainment

Drehbuch: Peter Hedges

Vorlage: Roman »Gilbert Grape – Irgendwo in Iowa« von Peter Hedges

Musik: Alan Parker, Björn Isfält

Hinreißend:
»Romeo & Julia« - 1996

Oscar-verdächtig gut:
»Titanic« - 1997

Kamera:	Sven Nykvist
Spezialeffekte:	Howard Jensen
Ausstattung:	Bernt Capra, John Myhre, Gretchen Rau
Schnitt:	Andrew Mondsheim
Kostüme:	Renee Ehrlich Kalfus
Stunts:	Rusty McClennon

Filmkritiken

Lexikon des internationalen Films: Sensibel und humorvoll inszeniertes Porträt amerikanischen Kleinstadtlebens und ein berührendes Plädoyer für den »normalen« Umgang mit Behinderten und deren Integration ins Gemeinwesen. Der bis in die Nebenrollen ausgezeichnet besetzte und eindringlich gespielte Film erreicht stellenweise spirituelle Qualitäten.

Multimedia: Sensibel, mit zärtlichem Humor und verständnisvollem Blick zeichnet Hallström Personen und Beziehungen. Durchgehend hervorragend gespielt, faszinierend in der Bildgestaltung und die Fülle unaufdringlicher Fälle zur Charakterisierung von Menschen, Beziehungen und Ereignissen, ist der Film ein seltenes und auch spannendes Plädoyer für alltägliche Menschlichkeit, ohne je in einen falschen Tonfall oder Sentimentalität abzurutschen. Ein fast unauffälliges hervorragendes Kunstwerk.

Fischer Film Almanach 1995: Sensibler und liebevoller als Lasse Hallström eine Provinz und ihre Menschen zeichnet, kann man damit nicht umgehen. In »Gilbert Grape« geht er mit seismographischer Genauigkeit den kleinen Veränderungen nach, die eine Familienidylle aus dem Gleichgewicht bringen und zerstören.

Die Welt: Perfektes Kino über liebenswerte Menschen – der bisher schönste Film des Jahres.

AZ: Exzellent besetzter Film, der witzig und charmant den Alltag der »kleinen Leute« betrachtet.

Jim Carrol – In den Straßen von New York

Filmdaten

Deutscher Titel: Jim Carroll – In den Straßen von
                             New York
Originaltitel: The Basketball Diaries
Deutscher Kinostart: 5. Oktober 1995
Deutscher Videostart: 5. November 1996
Laufzeit Kino: 102 Minuten
FSK: ab 12 Jahren
Video-Bestellnummer: VCL 5284

Inhalt

Jim Carroll und seine Freunde Mickey, Pedro und Neutron sind die Stars des besten Basketballteams einer Catho-
lic High School in New York. Sie sind unschlagbar – vor
allem auch darin, außerhalb des Spielfeldes nichts auszu-
lassen. Sex, Drogen und alles, was Ärger einbringt, ist ihr
Leben.

Die Nachricht von Bobbys Tod – einem alten Freund, der
langsam von Leukämie dahingerafft wurde – trifft Jim wie
ein Hammerschlag. Das Bewußtsein um die Vergänglichkeit
des Seins bestimmt fortan sein Denken und Handeln. Kurz
darauf beginnen die Freunde erste Experimente mit Heroin.
Es dauert nicht lang, und sie hängen an der Nadel. Zunächst

ist die Abhängigkeit wie ein Adrenalinstoß. Mit der Droge im Blut glaubt sich die Clique zu allem fähig.

Doch die Situation beginnt zu eskalieren: Vor einem wichtigen Spiel werfen Jim und Co. die falschen Pillen. Sie sind nicht mehr in der Lage, die einfachsten Spielzüge durchzuführen. Nach schmählicher Niederlage werden sie vom Team suspendiert und kurz darauf schmeißen sie die Schule.

Vergeblich versucht Jims Mutter den Absturz ihres Sohnes zu verhindern. Doch der läßt sie brüsk abblitzen. Aus Verzweiflung wirft sie den Jungen aus der Wohnung und beschleunigt damit ungewollt den Abstieg in die Gosse. Für Jim beginnt der alltägliche Kampf eines Junkies um den nächsten Schuß und das Überleben ...

Darsteller & Stab

Darsteller: **Leonardo DiCaprio** (Jim Carroll), James Madio (Pedro), Patrick McGaw (Neutron), Mark Wahlberg (Mickey), Lorraine Bracco (Mrs. Carroll), Ernie Hudson (Reggie Porter), Michael Imperioli (Bobby), Bruno Kirby (Swifty), Juliette Lewis (Diane Moody), Michael Rapaport (Skinhead), Jim Carroll (Frankie Pinewater), Roy Cooper (Father McNulty)

Regie: Scott Kalvert

Produzenten: Liz Heller, John Bard Manulis für Island
                           Pictures
Drehbuch: Bryan Goluboff

Vorlage:	Autobiographie »The Basketball Diaries« von Jim Carroll
Musik:	Graeme Revell
Kamera:	David Phillips
Ausstattung:	Christopher Nowak
Schnitt:	Dana Congdon
Kostüme:	David C. Robinson

Filmkritiken

film-dienst 26.09.1995: Eine ihrer komplexen episodenhaften Vorlage nur bedingt gerecht werdende, aber eindringlich inszenierte und hervorragend gespielte Verfilmung der Tagebücher des Schriftstellers und Musikers Jim Carroll. Durch die nur halbherzige Verlegung der Handlung aus den 60er Jahren in die Gegenwart verliert der Film an Authentizität.

Rhein-Zeitung 04.10.1995: Das junge Hollywood-Talent Leonardo DiCaprio glänzt in der Verfilmung von Jim Carrolls Kultbuch.

Cinema 10/1995: Klischees und Kicks im Drogensumpf – aufgewertet nur durch den superben DiCaprio.

Schneller als der Tod

Filmdaten

Deutscher Titel:	Schneller als der Tod
Originaltitel:	The Quick And The Dead
Deutscher Kinostart:	9. November 1995
Deutscher Videostart:	9. Juni 1996
Laufzeit:	113 Minuten
FSK:	ab 16 Jahren
Video-Bestellnummer:	Columbia Tristar 21708

Inhalt

Irgendwo in der unendlichen Prärie des amerikanischen Westens. Irgendwann um das Jahr 1870. Ellen, die treffsichere Revolverheldin, will nach Redemption. Mit Herod, dem Bürgermeister, der seine Stadt wie ein Tyrann beherrscht, hat sie noch eine Rechnung zu begleichen.

Einmal im Jahr veranstaltet Herod ein bizarres Wettschießen, um seinen Ruf zu festigen. Preisgeld: 100.000 Dollar! Alle wollen das hohe Preisgeld, das dem Sieger des Wettkampfes winkt, gewinnen. Allerdings landete die Prämie, die Herod den Stadtbewohnern abpreßt, immer in seiner eigenen Tasche. Diemal gehört zu Herods Herausforderern auch Kid, ein junger Mann aus Redemption, von dem gemunkelt wird, daß er Herods unehelichen Sohn sei.

Und dann ist da die unbekannte Schöne. Sie raucht, sie trinkt, sie trifft – und sie kennt offensichtlich nur ein Ziel: das Duell mit Herod ...

Darsteller & Stab

Darsteller: Sharon Stone (Ellen), Gene Hackman (John Herod), Russell Crowe (Cort), **Leonardo DiCaprio** (Kid), Tobin Bell (Dog Kelly), Roberts Blossom (Doc Wallace), Kevin Conway (Eugene Dred), Keith David (Sgt. Cantrell), Lance Henriksen (Ace Hanlon), Pat Hingle (Horace), Gary Sinise (Marshall, Ellens Vater), Mark Boone jr. (Narbe)

Regie:	Sam Raimi
Produzenten:	Joshua Donen, Allen Shapiro, Patrick Markey für Indieprod
Drehbuch:	Simon Moore
Musik:	Alan Silvestri
Kamera:	Dante Spinotti
Ausstattung:	Patrizia von Brandenstein
Schnitt:	Pietro Scalia
Kostüme:	Judianna Makovsky

Filmkritiken

film-dienst 22/1995: Ein leidlich unterhaltsamer, in seiner Beschränkung auf das Wettkampfmotiv aber zusehends vorhersehbarer Actionfilm, inszeniert im Western Milieu.

Cinema 11/1995: Italowestern-Hommage, die trotz Raimis famoser Einfälle an der dünnen Story krankt.

Rhein-Zeitung 08.11.1995: Gut inszenierter Western.

Total Eclipse

Filmdaten

Deutscher Titel:	Total Eclipse – Die Affäre von Rimbaud und Verlaine
Originaltitel:	Total Eclipse
Deutscher Kinostart:	13. Juni 1996
Deutscher Videostart:	2. Dezember 1996
Laufzeit Kino:	110 Minuten
FSK:	ab 12 Jahren
Video-Bestellnummer:	BMG UFA 4344

Inhalt

Total Eclipse ist die Verfilmung der leidenschaftlichen zerstörerischen Beziehung zwischen den Dichtern Arthur Rimbaud und Paul Verlaine.

1871 begegnen sich die beiden Poeten in Paris, wo Rimbaud alles daran setzt, die bürgerliche Gesellschaft zu schockieren. Nur einer ist von dessen Respektlosigkeit hingerissen: Verlaine. Ihn amüsieren die Unverschämtheiten des jungen Rimbaud nicht nur, er bewundert ihn dafür.

Aus unendlich langen Gesprächen über Poesie, das Leben und die Liebe erwächst zwischen Rimbaud und Verlaine mehr als eine Dichterfreundschaft. Sie verstricken sich in eine ausschweifende, leidenschaftliche Beziehung, die Verlaine irgendwann vor die Wahl stellt: Entweder er verläßt seine Frau Mathilde und ihr gemeinsames Kind oder er trennt sich von Rimbaud.

Verlaine entscheidet sich für Mathilde, doch das läßt Rimbaud nicht zu. Er verfolgt Verlaine, verführt ihn erneut und stellt damit die Weichen für die Zerstörung ihrer beider Leben …

Darsteller & Stab

Darsteller: **Leonardo DiCaprio** (Arthur Rimbaud), David Thewlis (Paul Verlaine), Romane Bohringer (Mathilde Verlaine), Dominique Blanc (Isabelle Rimbaud), Felicie Pasotti Cabarbaye (Isabelle als Kind), Nita Klein (Rimbauds Mutter), James Thieree (Fr…déric), Emmanuelle Oppo (Vitalie), Denise Chalem (Mme. Mauté de Fleurville), Andrzej Seweryn (M. Mauté de Fleurville)

Regie: Agnieszka Holland

Produzenten: Jean-Pierre Ramsay Levi für Capitol Films / FIT Produktion / Portman – SFPC – K2
Drehbuch: Christopher Hampton
Musik: Jan A. P. Kaczmarek
Kamera: Yorgos Arvanitis
Ausstattung: Dan Weil
Schnitt: Isabel Lorente
Kostüme: Pierre-Yves Gayraud

Filmkritiken

TV Spielfilm 12/1996: Die fatale Liebe zwischen den Dichtern Rimbaud und Verlaine bildet die Basis für Agnieszka Hollands mißlungenen Versuch, eine zerstörerische Beziehung abzubilden.

Cinema 06/1996: Biographie über zwei hysterische und arrogante Dichter.

TV Hören und Sehen 28/1996: Wer's toll findet, wie sich Menschen psychisch zerfleischen, wird gut bedient; wer jedoch etwas über die literarische Bedeutung der beiden Lyriker (um 1870) erfahren möchte, wird enttäuscht!

Romeo & Julia

Filmdaten

Deutscher Titel: Romeo & Julia
Originaltitel: Romeo & Juliet
Deutscher Kinostart: 13. März 1997
Deutscher Videostart: 30. Oktober 1997
Laufzeit Kino: 120 Minuten
FSK: ab 12 Jahren
Video-Bestellnummer: 20th Century Fox 414301

Inhalt

Die laute, schmutzige, multikulturelle Millionenstadt Verona Beach, irgendwo am Meer in einem nicht näher beschriebenen Land gelegen, wird beherrscht von zwei Familien, den Montagues und die Capulets. Die Clans sind schon so lange verfeindet, daß sich der Haß wie ein Naturgesetz von Generation zu Generation weiter vererbt. Es vergeht kein Tag, an dem das Fernsehen nicht von rücksichtslosen Schießereien zwischen den rivalisierenden Familien berichtet. Es ist eine Welt ohne Mitleid, voller Gewalt und Haß, in der die beiden einzigen Kinder der Clanführer, Romeo Montague und Julia Capulet, aufwachsen.

Bei einem glamourösen Maskenball im Hause Capulet verbinden sich die Schicksale der beiden Familien auf tragische Weise, denn Julia und Romeo verlieben sich auf den ersten Blick, ohne zu wissen, daß sie Feinde sind

Als sie dies erkennen, ist es für die beiden Liebenden schon zu spät, denn sie können und wollen nicht mehr ohne den anderen leben. Sie beschließen ihre ewige Liebe mit einer heimlichen Heirat zu besiegeln und hoffen so insgeheim, ihre beiden Familien miteinander zu versöhnen.

Doch nach kurzen Momenten des Glücks in ihrer Hochzeitsnacht bricht das Unglück über sie herein. Romeos treuer Freund Mercutio wird von Julias Cousin, Tybalt im Kampf getötet, und Romeo sinnt auf Rache. Er erschießt Tybalt und wird aus Verona Beach verbannt.

Julia indes soll den ungeliebten Paris heiraten, den ihr Vater als idealen Schwiegersohn auserkoren hat. Ein letzter Ausweg für Julia scheint die List von Pater Laurence zu sein, der Julia mit einer Droge in einen todesähnlichen Schlaf versetzen will, um ihr dann zur Flucht mit Romeo zu verhelfen. Aber diese Tat ist nur ein weiterer Schritt der beiden Liebenden ins Verderben.

Romeo weiß nichts von dem listigen Plan. Er glaubt, daß seine geliebte Ehefrau aus Verzweiflung den Freitod wählte. Ein Leben ohne sie vermag er sich nicht vorzustellen, und so ist er bereit ihr ins Jenseits zu folgen. Romeo fährt zurück nach Verona Beach, um ein letztes Mal in Julias Anlitz zu schauen und den letzten Schritt zu tun…

Darsteller & Stab

Darsteller: **Leonardo DiCaprio** (Romeo), Claire Danes (Julia), Brian Dennehy (Ted Montague), John Leguizano

(Tybalt), Pete Postlethwaite (Pater Laurence), Paul Sorvino (Fulgencio Capulet), Diane Venora (Gloria Capulet), Harold Perrineau (Mercutio), Paul Rudd (Dave Paris), Jesse Bradford (Balthasar), Dash Mihok (Benvolio), Miriam Margolyes (Amme), Vondie Curtis-Hall (Captain Prince), Christina Pickles (Caroline Montague)

Regie:	Baz Luhrman
Produzenten:	Baz Luhrman, Gabriella Martinelli
Drehbuch:	Baz Luhrman, Craig Pearce
Vorlage:	Bühnenstück »Romeo & Julia« von William Shapespeare
Musik:	Nellee Hooper
Kamera:	Donald M. McAlpine
Spezialeffekte:	Rebecca Marie (Supervisor), Hammerhead Productions
Ausstattung:	Catherine Martin, Brigitte Broch
Schnitt:	Jill Bilcock
Kostüme:	Kym Barrett
Make Up:	Maurizio Silvi
Toneffektschnitt:	Rob Young
Choreographie:	John »Cha Cha« O'Connell
Stunts:	Brent Woolsey (Koordination)

Filmkritiken

film-dienst 05/1997: Aus Versatzstücken des aktuellen Action-Kinos, der Popmusik-Kultur, einer gehörigen Dosis religiösem Kitsch und dem 400 Jahre alten Originaltext entsteht eine durch die überbordende Fülle der Einfälle die Wahrnehmungsfähigkeiten des Zuschauers herausfordernde, fulminante Version der Shakespeareschen Liebestragödie für die MTV-Generation. Trotz einiger Schwächen bleibt der Film ein spannender Versuch, Shakespeare in einem aktuellen Kontext der Reflexionen über Gewalt und moderne Medienkultur anzusiedeln.

Cinema 03/1997: Mutig gegen den Strich gebürsteter Klassiker mit Originaltext und wilder 90er-Jahre-Optik.

Marvins Töchter

Filmdaten

Deutscher Titel:	Marvins Töchter
Originaltitel:	Marvin's Room
Deutscher Kinostart:	5. Juni 1997
Deutscher Videostart:	15. Dezember 1997
Laufzeit Kino:	98 Minuten
FSK:	ab 6 Jahren

Inhalt

Seit zwanzig Jahren betreut Bessie ihren schwerkranken Vater Marvin, der nach einem Schlaganfall ans Bett gefesselt ist. Trotz der großen Verantwortung empfindet Bessie ihre selbstgewählte Aufgabe nicht als Last. Auch ohne eigene Familie ist sie eine glückliche und fröhliche Frau.

Als Bessie wegen eines vermeintlichen Vitaminmangels ihren Hausarzt Dr. Wally aufsucht, wird sie mit einer unerwarteten Diagnose konfrontiert: Ihre Blutprobe weist Leukämie nach. Nur eine rechtzeitige Knochenmarktransplantation vermag sie zu retten. Als Spender kommen dabei nur enge Familienangehörige in Frage. Bessie ruft ihre Schwester Lee an, mit der sie seit zwanzig Jahren keinen Kontakt mehr hatte.

Neuer Erfolg:
»Der Mann in der eisernen Maske« - 1998

LEONARDO DiCAPRIO

THE ULTIMATE SOUNDTRACK

SOUNDGARDEN · JIM CARROLL
mit PEARL JAM · P.J. HARVEY ·
THE CULT · FLEA · THE DOORS ·
JOHNETTE NAPOLITANO ·
THE POSERS · ROCKERS HiFi ·
MASSIVE INTERNAL COMPLICATIONS
· THE JIM CARROLL BAND und
GRAEME REVELL

"I just want to be pure."

JIM CARROLL
IN DEN STRASSEN VON NEW YORK

ISLAND PICTURES zeigt eine LIZ HELLER Produktion eines SCOTT KALVERT Films
LEONARDO DiCAPRIO "JIM CARROLL - IN DEN STRASSEN VON NEW YORK" BRUNO KIRBY · LORRAINE BRACCO · ERNIE HUDSON
PATRICK McGAW · JAMES MADIO und MARK WAHLBERG. Nach dem Roman THE BASKETBALL DIARIES von JIM CARROLL
Musik KARYN RACHTMAN · Filmmusik GRAEME REVELL · Ausstattung CHRISTOPHER NOWAK · Line Producer KATIE HERSCH
Schnitt DANA CONGDON · Kamera DAVID PHILLIPS · Ausführende Produzenten CHRIS BLACKWELL, DAN GENETTI
Drehbuch BRYAN GOLUBOFF · Produziert von LIZ HELLER und JOHN BARD MANULIS · Regie SCOTT KALVERT
Soundtrack erhältlich bei MERCURY · Das Buch "Jim Carroll - In den Straßen von New York" bei PIPER, Best.-Nr. 5-492-22169-6

DOLBY SURROUND

Leonardo DiCaprio

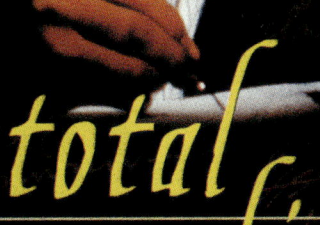

Die Affaire
von Rimbaud
und Verlaine

*total
eclipse*

Ein Film von
Agnieszka
Holland

Senator Film präsentiert eine Fit Production · Portman Production · SFP Cinema · K2 Co-Production mit Beteiligung des European Co-Production Fund (UK) sowie der Beteiligung von Canal+ und Le Studio Canal+ · Leonardo DiCaprio · David Thewlis · Romane Bohringer · Dominique Blanc · „Total Eclipse" ein Film von Agnieszka Holland Musik Jan A. P. Kaczmarek

Kamera Yorgos Arvanitis A.F.C. · Produktionsdesign Dan Weil · Schnitt Isabel Lorente · Kostüme Pierre-Yves Gayraud · Co-Produzenten Philip Hinchcliffe und Cat Villiers · Executive Producer Staffan Ahrenberg und Pascale Faubert · Produzent Jean-Pierre Ramsay Levi · Drehbuch Christopher Hampton · Regie Agnieszka Holland

HIFI-STEREO

Von Bessies Nachricht betroffen, macht sich die temperamentvolle Lee gemeinsam mit ihren beiden Söhnen Hank und Charlie auf den weiten Weg von Ohio nach Florida. Charlie ein ruhiges, liebes Kind, Hank, inzwischen ein Teenager, das genaue Gegenteil. Er ist jähzornig und unberechenbar, so zündete er zum Beispiel in einem Anfall von wilder Rachsucht das elterliche Haus an und zeigte deshalb nicht einmal Reue, als er danach in die Psychiatrie eingewiesen wurde.

Am Ziel der Reise angekommen, bemüht sich Lee nach Kräften, Bessie auf das Herzlichste zu begrüßen. Doch die Wiedersehensfreude weicht schnell der Ernüchterung, daß es offenbar nichts gibt, was sie noch miteinander verbindet. Dennoch bleibt Lee bei ihrem Vorsatz, Bessie zu helfen, und wird Zeuge einer seltsamen Wandlung ihres Sohnes.

Nachdem Hank seine Tante in den ersten Tagen absichtlich mißachtet und rüde behandelt hatte, beginnt er plötzlich, sich ihr mehr und mehr anzuvertrauen. Bessies gütige und verständnisvolle Art berührt den verschlossenen Jungen und läßt ihn die Wut vergessen, die er gegenüber seiner Mutter hegt.

Trotzdem ist Hank sich nicht sicher, ob er den Knochenmarktest machen will. Als Lee ihn bedrängt, verstärkt sie nur seinen Widerwillen. Obwohl er sieht, mit welch ungeheurer Kraft Bessie nicht nur ihr eigenes Schicksal meistert, sondern auch das ihres Vaters noch hingebungsvoll mitträgt, bleibt er unentschlossen. Daran änderts sich nichts, als feststeht, daß Lee und Charlie nicht als Spender in Frage kommen und Bessie – wenn überhaupt – nur noch eine Chance hat: ihn!

Darsteller & Stab

Darsteller: Meryl Streep (Lee), **Leonardo DiCaprio**
(Hank), Diane Keaton (Bessie), Robert De Niro (Dr. Wally),
Hume Cronyn (Marvin), Gwen Verdon (Ruth), Hal Scardino
(Charlie), Dan Hedaya (Bob), Margo Martindale (Dr. Char-
lotte), Cynthia Nixon (Leiterin des Altenheims)

Regie:	Jerry Zaks
Produzenten:	Scott Rudin, Jane Rosenthal, Robert De Niro
Drehbuch:	Scott McPherson
Vorlage:	Theaterstück »Marvin's Room« von Scott McPherson
Musik:	Rachel Portman
Kamera:	Piotr Sobocinski
Ausstattung:	David Gropman
Schnitt:	Jim Clark
Kostüme:	Julie Weiss

Filmkritiken

TV Movie 12/1997: Daß sich dieser hochgradig emotionale
Stoff nicht in ein schmalztriefendes Rührstück verwandelt,
ist vor allem den Hauptdarstellerinnen Meryl Streep und
Diane Keaton zu verdenken. »Marvins Töchter« erzählt die
Geschichte der ungleichen Schwestern nicht mit großen,
theatralischen Gesten, sondern konzentriert sich auf die we-

niger spektakulären Zwischentöne. Ein befangenes Lachen, ein unsicherer Blick – mehr braucht es nicht, um Gefühle zu transportieren.

film-dienst 11/1997: Ein kammerspielartig entwickelter Film, der seinen Schauspielern die Chance bietet, alle Register ihres Könnens zu ziehen. Trotz der ernsten Themen ist er voller Humor und zeigt auf, daß Hoffnung immer möglich ist.

Titanic

Filmdaten

Deutscher Titel:	Titanic
Originaltitel:	Titanic
US-Kinostart:	19. Dezember 1997
Deutscher Kinostart:	8. Januar 1998
Deutscher Videostart:	ca. Juli 1998
Laufzeit Kino:	194 Minuten
FSK:	ab 12 Jahren

Inhalt

Im Rückblick erzählt die einhundertundeinjährige Rose dem ehrgeizigen Schatzsucher und Abenteurer Brock Lovett ihre Geschichte, nämlich wie sie den dramatischen Untergang der Titanic im April 1912 erlebt und überlebt hat. Dabei spielt die Liebe ihres Lebens, der sie auf dem Schiff begegnet, eine entscheidende Rolle ...

Rose DeWitt Bukater reist Erster Klasse auf der Titanic. Sie ist auf dem Weg nach Philadelphia, um dort Cal zu heiraten, einen Mann, den sie nicht liebt. Ganz fügsame Tochter jedoch willigt sie in die Vernunftehe ein, um ihre verarmte Adelsfamilie zu retten, aber dabei innerlich zugrundezugehen.

In dieser für sie hoffnungslosen Situation lernt sie Jack Dawson kennen, einen jungen, mittellosen Herumtreiber und

Abenteurer. Er beeindruckt Rose durch seine ungestüme und unkonventionelle Art , und sie verliebt sich in ihn. Nachdem er ihr die Augen für die Welt außerhalb ihres goldenen Käfigs geöffnet hat, will Rose nach ihrer Ankunft in New York mit ihm von Bord gehen und alle Zwänge und Verpflichtungen hinter sich lassen. Das Liebespaar soll nichts auf dieser Welt mehr trennen.

Aber diesem Vorhaben stellen sich sowohl Roses snobistischer Verlobter in den Weg, der auch an Bord des Schiffes ist, als auch die Naturgewalten, denn die Titanic kollidiert mit einem Eisberg …

Darsteller & Stab

Darsteller: **Leonardo DiCaprio** (Jack Dawson), Kate Winslet (Rose DeWitt Bukater), Billy Zane (Cal Hockley), Kathy Bates (Molly Brown), Bill Paxton (Brock Lovett), Frances Fisher (Ruth DeWitt Bukater), Gloria Stuart (Old Rose), Bernard Hill (Captain Smith), David Warner (Spicer Lovejoy), Victor Garber (Thomas Andrews), Jonathan Hyde (Bruce Ismay), Suzy Amis (Lizzy Calvert)

Regie: James Cameron

Produzenten: James Cameron, Jon Landau für Lightstorm / 20th Century Fox / Paramount

Drehbuch: James Cameron

Musik: James Horner

Kamera: Russell Carpenter

Spezialeffekte:	Robert Legato, Thomas L. Fisher
Ausstattung:	Peter Lamont
Schnitt:	Conrad Buff, James Cameron, Richard A. Harris
Kostüme:	Deborah L. Scott
Make Up:	Tina Earnshaw
Toneffektschnitt:	Mark Ulano

Filmkritiken

film-dienst 26/1997: Trotz einer fast manischen Fixierung auf eine möglichst originalgetreue Rekonstruktion des Schiffes und seiner Interieurs sowie des gigantischen Aufwandes entstand mehr als ein Kostüm- und Katastrophenfilm: Der angenehm ruhige Rhythmus, teilweise herausragende Schauspieler sowie die kunstvolle Kameraarbeit lassen das Epos zu einer berührenden Love-Story werden.

TV Today 01/1998: Auch wenn seine Helden vielleicht einmal zu oft ums Überleben kämpfen müssen: James Cameron nutzt eine der symbolträchtigsten Katastrophen des Jahrhunderts als Hintergrund für eine der schönsten Romanzen des Jahrzehnts. Kate Winslet und Leonardo DiCaprio spielen sich wieder einmal in den Kreis der Oscar-Anwärter. Fazit: Ein emotionaler Luxusliner: Man lacht mit, man heult mit – und man friert mit.

Der Mann mit der eisernen Maske

Filmdaten

Deutscher Titel: Der Mann in der eisernen Maske
Originaltitel: The Man In The Iron Mask
US-Kinostart: (noch unbekannt)
Deutscher Kinostart: 9. April 1998

Inhalt

Es sind viele Jahre vergangen, seit Aramis, Athos, Porthos und D'Artagnan als die besten und treuesten Musketiere der Garde von König Louis XIII. erfolgreich zusammen gekämpft haben. Der große König, dessen Thron sie retteten, ist inzwischen gestorben. Nachfolger ist der arrogante und grausame Erbe, nämlich König Louis XIV.

Nach den vielen Jahren trägt nur noch D'Artagnan immer noch die Uniform eines Musketiers, um sein Leben für den König zu geben – egal, was passiert. Jetzt müssen die Waffenbrüder ihr neues – und gefährlichstes – Abenteuer bestehen ...

Als sie endlich den Intrigen auf die Spur kommen, müssen sie feststellen, daß sie das Land zwar retten können, aber nicht den Königsthron und ihre lebenslange Freundschaft ...

Weitere deutschsprachige Informationen zu diesem Film kann man auch im Internet abrufen:

http://www.dem.de/kino/vorschau.html

Darsteller & Stab

Darsteller: **Leonardo DiCaprio** (Doppelrolle als König Louis XIV und Philippe), Jeremy Irons (Aramis), John Malkovich (Athos), Gerard Depardieu (Porthos), Gabriel Byrne (D'Artagnan), Anne Parillaud (Anne von Österreich, Mutter der Königin), Judith Godreche (Christine)

Regie:	Randall Wallace
Produzenten:	Russ Smith, Randall Wallace für MGM
Drehbuch:	Randall Wallace
Vorlage:	Roman »Der Mann in der eisernen Maske« von Alexander Dumas
Musik:	Nick Glennie-Smith
Kamera:	Peter Suschitzky
Spezialeffekte:	The Post Group
Ausstattung:	Anthony Pratt
Schnitt:	William Hoy
Kostüme:	James Acheson
Toneffektschnitt:	Kelly Oxford

Filmdaten

Deutscher (Arbeits-) Titel: Celebrity
Originaltitel: Celebrity

Inhalt

Woody Allen hält in den letzten Jahren seine Filmprojekte recht geheim. Man erfährt kaum etwas über den Film, auch die Liste der am Film mitwirkenden Schauspieler kann man fast nur unter der Hand erfahren.

Hier gibt es also die ersten Informationen zu einem Film, der noch gedreht und wohl Ende 1998 in die US-Kinos kommen wird!

Auch der deutsche Kinoverleih ist noch nicht bekannt, da Woody Allen grundsätzlich immer erst in der Phase der Post-produktion (Fertigstellung des Films) mit Kinoverleihern verhandelt.

Weitere deutschsprachige Informationen zu diesem Film kann man auch im Internet abrufen:

http://www.dem.de/kino/vorschau.html

Darsteller & Stab

Darsteller (in alphabetischer Reihenfolge): Woody Allen, Kim Basinger, Kenneth Branagh, Saffron Burrows, Judy Davis, **Leonardo DiCaprio**, Melanie Griffith, Joe Mantegna, Winona Ryder, Mira Sorvino, Kate Winslet, Jeffrey Wright

Regie: Woody Allen

Drehbuch: Woody Allen
Kamera: Sven Nykvist

Don's Plum

Filmdaten

Deutscher Titel:	noch nicht bekannt
Originaltitel:	Don's Plum
US-Kinostart:	noch nicht bekannt
Deutscher Kinostart:	noch nicht bekannt
Deutscher Videostart:	noch nicht bekannt
Laufzeit:	ca. 89 Minuten
FSK:	

Inhalt

Eine Gruppe von Jungen trifft sich im Restaurant »Don's Plum.« Man unterhält sich, die gerade aktuellen Freundinnen sind dabei. Man spottet, lästert, diskutiert ... und gerät in Streit. Alkohol und Drogen tun ihr übriges ...

Darsteller & Stab

Darsteller: Amber Benson, Scott Bloom, Kevin Connelly, **Leonardo DiCaprio**, Jenny Lewis, Tobey Maguire (in alphabethischer Reihenfolge)

Regie: R. D. Robb

Produzenten:	Jerry Beckman, Jerry Meadors, David Stutman
Drehbuch:	Tawd Beckman, David Stutman
Kamera:	Steve Adcock, Brian Bellamy
Schnitt:	Paul Heiman, Nabil Mehchi

Danksagung

Ein Buch entsteht fast nie im Alleingang, viele Menschen helfen mit, einige möchte ich deshalb – für alle anderen – namentlich nennen und ihnen damit besonders danken: Alisa Djogic, Kristina Faller, Inna Rollheiser und insbesonders meiner Lektorin Beate Stefer.

Quellenangaben

Das zitierte Interview mit Leonardo DiCaprio zu »Titanic«
stammt aus der Programmzeitschrift »TV Hören und Sehen«
Heft 53/1997. Umfangreiche Informationen wurden von den
Pressestellen der Filmverleiher und der Videoanbieter zur
Verfügung gestellt. Basis der Recherche waren auch Informationen aus dem Internet. Das Bildmaterial stammt aus
dem Archiv des Autors.

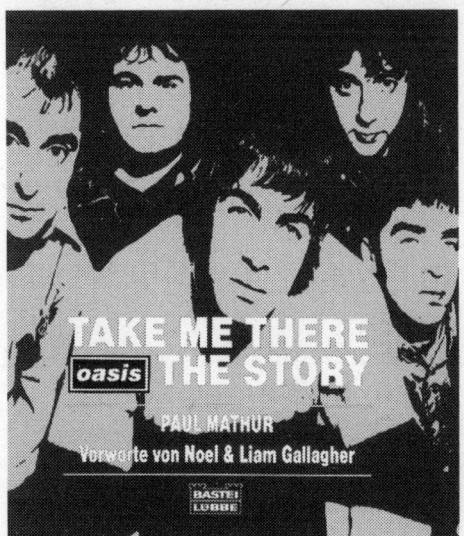

Band 71517

Paul Mathur
**TAKE ME
THERE OASIS
THE STORY**

Entstanden mit der vollen Unterstützung der Band, mit vielen bisher unveröffentlichten Fotos und mit Vorworten von Noel und Liam Gallagher ist TAKE ME THERE: OASIS – THE STORY die ultimative Biographie.
Der Autor Paul Mathur, ein Musikkritiker, sah OASIS 1993 zum erstenmal, als die Band in einem winzigen Kellerraum eines Clubs in Manchester probte. Von Anfang an war er hautnah dabei, sowohl bei den ersten Gigs in kleinen Clubs wie bei den Auftritten in riesigen Konzertsälen und Stadien überall in Großbritannien, Europa, Amerika und Japan. Lebhaft schildert er Oasis' Weg aus der Bedeutungslosigkeit, mit nichts als einer Handvoll Träume im Kopf, bis hin zu dem Erfolg, die größte Band seit den Beatles zu werden.
Ganz genau so war es. So und nicht anders.

Band 14164

Wendy Holden
Ganz oder gar nicht

Der Originalroman zu dem erfolgreichen Kinohit.

Ohne Arbeit, ohne Geld und ohne Glück teilen Gaz und Dave das Los vieler Stahlarbeiter in Sheffield. Sie stehen auf der Straße und kämpfen erbittert um das wenige, das ihnen geblieben ist: ihre Selbstachtung. Als die Chippendales in der Stadt sind und die Frauen scharenweise zu ihren Auftritten strömen, kommt Gaz plötzlich eine zündende Idee. Warum sollen er, Dave und vier Kumpel, die ebenso wenig Chancen auf Arbeit haben, sich nicht zusammentun und etwas ganz Verrücktes planen? Warum sollen sie nicht eine Stripper-Show einstudieren, wenn es das ist, wofür Frauen ihr Geld bereitwillig ausgeben? Mit dem Mut der Verzweiflung stürzen sich die sechs Männer in die Vorbereitungen für ihre Show. Keiner weiß, ob es funktionieren wird, doch in einem sind sie sich einig: Wenn sie schon etwas so Verrücktes tun, dann tun sie es ganz oder gar nicht…